神话经典系列

希腊罗马神话

MYTH OF GREECE AND ROME

黄　文 主编
陈　雪 编著

中国林业出版社

图书在版编目（CIP）数据

希腊罗马神话／陈雪编著. —北京：中国林业出版社，2007.1
（神话经典系列／黄文主编）

ISBN978-7-5038-4706-6
Ⅰ.希… Ⅱ.陈… Ⅲ.①神话—研究—古希腊
②神话—研究—古罗马 Ⅳ.B932.54

中国版本图书馆 CIP 数据核字（2006）第 163402 号

出　版：中国林业出版社（100009
　　　　北京西城区德内大街刘海胡同 7 号）
网　址：www.cfph.com.cn
E-mail：cfphz@public.bta.net.cn
电　话：（010）66184477
发　行：新华书店
印　刷：中国农业出版社印刷厂
版　次：2007 年 1 月第 1 版
印　次：2007 年 1 月第 1 次
开　本：787mm × 1092mm　1/16
印　张：13
字　数：208 千字
印　数：1~6000 册
定　价　39.00 元

目录 CONTENTS

第一章　希腊罗马神话的起源

一、神性的伟大与人性的辉煌 /2

二、开启希腊罗马神话的史诗 /8

三、希腊罗马神话中的宗教影响 /13

第二章　历史与文明中的神话颂歌

一、克里特——迈锡尼文明 /20

二、斯巴达与雅典的辉煌 /23

三、希腊文学中的神话表达 /30

四、希腊戏剧中的神话原型 /36

第三章　图腾崇拜与神庙圣地

一、拜物教与万物有灵论 /48

二、著名的神庙与神殿 /52

1．雅典卫城 /52

2．阿波罗神庙 /58

3．宙斯神殿 /59

4．阿尔忒弥斯神殿 /61

5．罗马万神庙 /62

三、众神雕像的艺术之美 /64

第四章　希腊罗马诸神谱系

一、原始诸神与提坦诸神 /76
1．大地之母盖娅 /76
2．地狱深渊神塔塔罗斯 /77
3．黑暗之神埃瑞玻斯 /78
4．黑夜女神尼克斯 /78
5．爱神埃罗斯 /78
6．天神乌兰诺斯 /78
7．海神彭托斯 /79
8．白昼之神赫墨拉 /80
9．水神奥克阿诺斯 /80
10．天神克罗诺斯 /80
11．太阳神许佩里翁 /81
12．月神福伯 /81
13．至尊女神瑞娅 /81
二、奥林匹斯十二主神 /82
1．天神宙斯 /82
2．天后赫拉 /83
3．海神波塞冬 /83
4．冥王哈得斯 /84
5．智慧女神雅典娜 /85
6．太阳神阿波罗 /86

7．狩猎女神阿尔忒弥斯 /87
8．战神阿瑞斯 /88
9．美神阿芙罗狄忒 /89
10．众神使者赫耳墨斯 /90
11．火神赫菲斯托斯 /91
12．家灶女神赫斯提娅 /91
三、奥林匹斯其他神 /93
1．酒神狄奥尼索斯 /93
2．农业女神得墨忒耳 /93
3．青春女神赫柏 /94
4．胜利女神尼克 /95
5．牧神潘 /95
6．小爱神厄洛斯 /95
7．缪斯女神 /97
8．命运三女神 /97
9．美惠三女神 /98
10．复仇三女神 /99
11．盗取天火者普罗米修斯 /100
12．非凡英雄赫拉克勒斯 /101
13．恶魔潘多拉 /102

第五章　希腊罗马神话经典典籍

一、特洛伊战争的宏大史诗：《伊利昂纪》/104
二、希腊英雄的伟大颂歌：《奥德修斯纪》/109

三、缔造希腊神话谱系的巨著：《神谱》/111

第六章 希腊罗马经典神话选萃

一、盗火者普罗米修斯 /114
二、宙斯与欧罗巴 /120
三、美杜萨的头颅 /124
四、狄奥尼索斯与彭托斯的争斗 /126
五、赫拉克勒斯的十二大任务 /131
六、英雄忒修斯的冒险 /137
七、英雄柏勒洛丰的传奇 /140
八、俄狄浦斯的生与死 /142
1．俄狄浦斯的诞生 /142
2．杀父娶母 /144
3．寻找阿波罗神谕 /147
4．刺瞎双眼的俄狄浦斯 /150
5．赎罪与死亡 /152
九、阿尔戈英雄的远征 /155
1．伊阿宋寻找金羊毛 /155
2．赫拉克勒斯的离开 /158
3．菲纽斯的预言 /160
4．埃厄忒斯和美狄娅 /163
5．盗取金羊毛 /169
6．艰难的归途 /172
7．最后一次冒险 /177

十、特洛伊战争 /182

1．特洛伊王子帕里斯挑起战争 /182

2．墨涅拉俄斯与帕里斯的决斗 /185

3．希腊人的溃败 /187

4．特洛伊的陷落 /188

十一、奥德修斯归乡 /192

1．卡吕普索囚禁奥德修斯 /192

2．奥德修斯的历险 /194

3．奥德修斯返回家乡 /196

4．奥德修斯的报复 /197

第一章

希腊罗马神话的起源

一、神性的伟大与人性的辉煌

二、开启希腊罗马神话的史诗

三、希腊罗马神话中的宗教影响

一、神性的伟大与人性的辉煌

远古时的希腊人处在人类文明发展的萌芽时期，在与自然的抗争中处于弱势，面对大自然的万千现象，古希腊人感到的是深深的迷茫和不安全感。于是他们凭靠自己的想像猜测自然、想像有万能的神能够帮助自己征服自然。在希腊人的想像中，强大的自然现象被形象化了，具有传奇色彩的人物形象被崇拜和理想化，从而产生了神和自然的故事、众神之间的故事、神和人之间的故事……

就神话本身而言，它不是真实生活的叙述，而是真实生活的一种演绎或是充满想像力的一种创造，是人在对世界还没有清楚认知时的一种猜测和想像。而且神话不是一产生就是完整而成熟的，它是随着人认知的增长在一点一滴的积累中逐渐发展的，它们从粗糙走向细腻，从幼稚走向成熟。

当希腊人可以将物本身和物的灵区分开来以后，便逐渐诞生了万物有灵的信仰，在这种信仰的影响下，万物有灵的世界观逐渐形成。希腊人用神话思维来认识这个世界，他们认为人类的生活是一种伟大的自然之力或者是神在操纵。

之后，随着生产力的发展，人类对自然的认识越来越清晰，万物有灵的信仰也进入了繁盛期。于是神的形象开始有了拟人化的转变，最终形成了今天我们所看到的拥有神之力量和人类形智的希腊众神。到了父权制时期，希腊神话中开始出现了女神和凡人结合的故事内容。后来更是诞生了天神之父宙斯，他不仅战胜了提坦诸神，还建立了天庭的制度，英雄时代随之而来，整个宇宙逐渐进入到和谐的发展时期。

人们对各种神的刻画由以前的残暴、恐怖变成了理智和美丽，产生了很多关于神帮助人类建造宫殿、修建城堡、战胜困难的故事。在人的力量逐渐强大以后，英雄传说诞生了。赫拉克勒斯是英雄神话顶峰时期的最具代表性的人物，他不仅战胜了自然界的灵兽，还能够与代表母权制的阿玛宗人相抗衡并取得胜利。《荷马史诗》诞生以后，神话更是告别了以前的粗糙时代，英雄们的力量甚至可以和神力相抗衡，并取得最终的胜利。

如果说奥林匹斯神的崇拜是专制统治的象征，那么到了公元前7世纪对酒神狄奥尼索斯的崇拜则具有民主制的特色。诞生于此的希腊悲剧和希腊喜剧认为神话中对神的力量的夸大是自我否定的表现。关于这一观点，在普罗米修斯的神话中也有体现。身为天神但站在人类这一方的普罗米修斯最终为人类的英雄赫拉克

希腊神话中的奥林匹斯神的崇拜是专制统治的象征，而到公元前7世纪对酒神狄奥尼索斯的崇拜则具有民主制的特色。

勒斯所救，这正是人类胜利的标志。此时英雄时代也即将结束，在神话中表现的对神的信仰也发生了动摇。

在希腊神话中，对于一个神或者英雄的产生，总体来说有两种可能：一种是神与神的结合，另外一种就是神和凡人的结合。在这种结合下，新生命或多或少具有自己父母的遗传天赋。比如说，雅典娜是宙斯和智慧女神墨提斯结合的产物，因为她产生于宙斯的头颅之中，所以她是宙斯思想意志的代表。宙斯是正义之神，一般象征着光明，而雅典娜的母亲是智慧的化身，于是雅典娜出生之时，就身穿一身铠甲，是正义的战争女神、智慧女神。

再如在尼俄柏传说中，忒拜的统治者安菲翁娶了弗里济亚王国的公主尼俄柏后，这段美丽的婚姻几乎得到了所有神祇的祝福，他们拥有财富和自由，还有一大群活泼可爱的孩子。在幸福的滋养下，孩子茁壮的成长，父亲母亲也备感骄傲和自豪。然而就在这梦幻一般的生活陶醉着安菲翁家庭的时候，谁都没有想到，厄运悄然而至。他们从天堂一下子坠入了无限的痛苦和绝望之中。骄傲自大的尼俄柏认为，以自己活泼的孩子和富庶的生活足可以和勒托享有同样的地位，甚至自己比起只有两个孩子的勒托更有资本。不仅如此，她还阻止忒拜人供奉勒托。尼俄柏此举惹怒了众神，众神对其施行报复。她所有的孩子被阿波罗和其姐姐于一日之内以百发百中之箭射死，痛不欲生的安菲翁自杀身亡，尼俄柏也变成了石块。

希腊人究竟在现实生活中得到了什么样的启示，才有了这则神话的产生。据神话学者研究表明，这则神话的产生，很可能是因为当时忒拜的统治者安菲翁拥有着一个让所有人羡慕的家庭，他的妻子美丽高傲，他的孩子活泼可爱，但是他美丽的妻子却是骄横之人，对于忒拜人民信奉的神祇有所不敬，希腊人对其心有不满却不敢言语。突然有一天，天降横祸，安菲翁的孩子全部因一场突如其来的事故意外死亡，于是希腊人把这场飞来横祸联想成是太阳神阿波罗对其的惩罚。

希腊神话中的神，无论具有怎样的神力，都逃脱不了命运的主宰。在众神诞生之初，大地之母盖娅和天神乌兰诺斯结合以后，便有一个命运提示：他们的孩子当中会有一个人取代他成为新一代的天王，为了守住自己的王位，乌兰诺斯将自己的孩子打入地狱的“塔塔罗斯”，但是不管他进行怎样阻止，还是无法将命运逆转。终于被他的儿子克罗诺斯打败并阉割，克罗诺斯成了新一代的天王。

而在新天王克罗诺斯成长起来以后，他同样受到命运的提示，说是自己将会经历和父亲同样的命运，自己的儿子会夺取他的王位。为了不重蹈命运的覆辙，他采取了更极端的做法，将妻子瑞娅生下的孩子全都吞到了肚子里，可是最终还是没有逃脱命运的安排。瑞娅因为对克罗诺斯吞下孩子的做法心痛不已，便用包有石块的襁褓换下了小儿子宙斯。宙斯得救了，并设计让克罗诺斯吐出了其吃到腹中的兄弟姐妹，经过十年的激战，奥林匹斯神战胜了提坦诸神，统领了宇宙，宙斯也就成了众神之父。

面对这种命运的安排，众神纵使拥有再神通广大的力量，也无法摆脱命运的控制。他可以将自己的孩子吃掉，但是无法停止自己在孩子手上丢掉王位的命运，而吞进肚里的孩子最终还是一个一个的活了过来，将他打败。这不能不说是一种宿命的安排。

英雄亦同样摆脱不了命运的安排。俄狄浦斯是可以解救忒拜城的英雄，但是不论他如何努力，也无法逃脱命运的作弄。先是忒拜王为了避免神的预言变成现实，抛弃了刚出生的孩子俄狄浦斯；俄狄浦斯长大之后也是因为怕神谕所说的他会杀父娶母，而离开了他本以为是亲生父母的科林斯国王及王后。最终，两个逃避命运的人还是撞到了一起，于是一出杀父娶母的悲剧变成了现实。在这里，人的意志与命运发生冲突，所以无论是怎样的英雄，做怎样的斗争，都只会让命运变得更加悲惨，最后都会被命运所击败。由此可见，命运是主宰希腊神的力量。

除了命运的主宰外，希腊神话中的神往往都是人性善恶的综合体，既呈现出种种的人性之光，又暴露出很多人性之恶。如众神之父宙斯，拥有无人能及的神力，然而他却又是一个好色之徒，不论是人间女子还是超凡脱俗的女神，只要美貌被他瞧见，他就难以抑制自己内心的欲望。不仅如此，他还拥有至高无上的权

希腊神话中，宙斯就是一个人性善恶的综合体。

力，在权力与欲望之间，他肆意妄为，很难约束自己。再如神母赫拉，嫉妒与仇恨充满了她的内心，大大违背了其在众神中的崇高地位。

在这些神身上，我们可以清晰地看到普通人的弱点，而神的这些弱点恰恰造成了人间的悲剧。在希腊神话中，神并不是道德上的优胜者，他们比人类更加贪婪、好斗、高傲、固执。希腊神的世界实际上是希腊人的世界的一种反映。从希腊神话中，我们可以看到远古时期的希腊人的思维方式、礼教观念，以及那时的生活状态……

二、开启希腊罗马神话的史诗

希腊最早有记录的神话可以追溯到《伊利昂纪》和《奥德修斯纪》，这两部史诗被合称为《荷马史诗》。公元前8世纪，在盲诗人荷马的笔下，希腊的英雄和神祇故事被记录了下来，产生了希腊最古老的史诗《伊利昂纪》，开启了希腊神话的伟大篇章，被后世称之为人类童年社会的“百科全书”。

史诗中塑造了神和英雄两种形象，这两种形象都是以人为摹本，既写出了他们智慧超凡、英勇善战的一面，同时也写出了他们虚荣自私、高傲自大的一面。可以说，在希腊神话故事产生的最初期，我们见到的就已经是格外丰满的神人结合的形象了。

就神的形象而言，他们不仅可以永生不死，而且还拥有超常的各种神奇力量，但同时，他们又拥有和凡人一样的爱恨情仇。由此可见，希腊人在塑造神形象的时候是以自己为参考，将自己思想灌输到神的头脑中，从而塑造出既令人感到亲切，又令希腊人感到陌生的神。

希腊人希望得到他们的帮助，希望得到他们的护佑，但这与宗教中的信仰还是有所区别的，即以一种平等的态度希望得到神的保佑。史诗中对神的肯定远远不及人类，荷马相信神拥有无穷的神奇力量，但却因自己的私欲而利用这种力量给人间造成祸事。

《荷马史诗》歌颂的是人类的智慧和勇气，其中很少的一部分会涉及到人类对于冥界的观念。阿喀琉斯的魂魄曾经说，阿喀琉斯宁愿在世间当其他人的雇工，一生征战沙场，也不愿到冥界为王。这其中当然不能排除希腊人对于未知世界的一种恐惧：人死之后会到达一个什么样的地方？即使到了冥界，需要面对的又将是什么？荷马在作品中关注的是对现世生活的热爱。他深深地相信，人的力量是可以战胜一切艰难险阻的。

在《伊利昂纪》之后的《奥德修斯纪》中，人的力量更加得到了强调。史诗由战争的宏大场面转移到了家庭场面或是其他几个人的场面描写，由于场面描写的缩小，使得史诗中的人物更加细腻。在这里，人类的智慧更突出的显现出来，

游吟诗人荷马传唱希腊神话的情景。

面对神，奥德修斯发挥出了自己智慧的所长之处。《伊利昂纪》中人类斗争的对手是人，神只是起到帮助的作用。但是在《奥德修斯纪》中，作为凡人的奥德修斯所要战胜的却是海神波塞冬和众多妖灵、仙女，并且最后以胜利结束，这是对人类力量的又一次歌颂。对于神的力量，则添加了更多的人性色彩。

在《荷马史诗》之后，希腊掀起了关于神、英雄以及人类故事撰写的热潮，这段时期被认为是希腊神话的素材积累时期。在这期间，很多作家广泛搜取民间流传的神话故事，将它们创作成文学作品，虽然这些作品在篇幅上没有荷马史诗那样庞大，人物的描述也没有荷马史诗那样精彩，但这些作品积极推动了后来希腊神话的成熟。在这些作品中，有一部作品可以与《荷马史诗》相媲美，那就是希腊诗人赫西奥德的《神谱》。

《神谱》是在众多神话故事素材的基础上，加以整理归纳而成的，并力求使希腊神话故事谱系化，赫西奥德描述了希腊神话中众神的起源。讲述了自地神盖娅产生直到奥林匹斯诸神统治世界这段时间的历史。其中内容大部分是神之间的争斗和权利的更替。

赫西奥德将宙斯统治下的众神各归其位，各执其职，并产生血缘或者时间的联系，把众神描述成一个有机的整体，不管他们之间怎样的争斗，但是这个整体的协调性和统一性始终没有被打破。

希腊城邦时代，《神谱》便普遍地被希腊人认可和接受，而在今天看来，《神谱》表现的是希腊人对于宇宙的起源和自然发展的一种理解。和所有民族一样，在生存面前，对于人类而言，繁衍下一代是最重要的事。一代神孕育下一代神，之后，又由下一代神孕育新的神，如此繁衍不息。《神谱》中清晰地体现了这种关于命运延续的阐释。第二代天神之王克罗诺斯取代父亲当上新的众神之父后，他又无法避免自己被亲生儿子宙斯夺得王位的命运，这种冥冥之中的安排是怎样抗争都无法战胜的。

《神谱》的产生不仅为希腊神话的最终成熟奠定了最原始的基础，还对希腊的自然哲学产生了重大的影响，因为两者同样涉及到追寻起源的问题，《神谱》中追问了众神的起源，自然哲学则涉及到人类的起源。在《神谱》中，世界的最初状态是混沌一片，之后地神盖娅产生，盖娅自己生下了乌兰诺斯，之后又与乌兰诺斯结合，开始了以后的繁衍。从此之后，繁衍的重要性不言而喻，所以在乌兰诺斯的儿子——克罗诺斯和父亲争夺王位的时候，以克罗诺斯将乌兰诺斯阉割宣告克罗诺斯获胜，因为乌兰诺斯已经不再具备生殖能力。因此，有人把赫西奥德看作是自然哲学家的先驱之一。

随着希腊文明的不断发展，希腊人表现在神话故事中的观念也在不断地改变。从《伊利昂纪》和《奥德修斯纪》两部史诗中我们就可以明显发现，虽然两部史诗相隔时间不是很长，但是在人性的肯定方面，后者较前者有了更长足的发展。整个神话的发展历程，也是一个由自然崇拜转向人性崇拜的过程。随着赫西奥德的《神谱》的产生，人类社会也在奥林匹斯山上呈现出来，整个神的氏族，就是一个现实的社会，社会中的人各有各的位置，各有各的特点，他们不仅拥有人形的美与丑，还拥有人性的七情六欲。

从公元前三世纪开始，古代希腊神话发展进入了鼎盛时期，被称为希腊化时期。在这期间的学者们对古典作品进行了广泛收集，他们将流传到那时的希腊神话作了系统的整理，对于当时流传广泛的神话故事进一步保存，而对于那些鲜为人知的神话，则进行了系统的编辑，为希腊神话的保存和流传做出了巨大的贡献。

公元前341年，马其顿王腓力二世统治了全希腊，此时称为希腊化时期，古代希腊神话发展也进入了鼎盛时期。图为马其顿王腓力二世。

在与希腊神话融合之前，罗马的神话受万物有灵论的思想观念影响比较大，对神的描述往往是抽象意义上的，因此神话故事也相对较贫乏，民间流传也不多。相对于神描绘，罗马更重视英雄传说，这与其社会生活有着不可忽视的关系，罗马的英雄传说主要讲述的是历史故事，故事往往是在现实生活的基础上加以改编的，而不是想像中创造的，所以相对于希腊神话，罗马神话中的人物往往具有更实际的现实意义。在希腊神话传入罗马以后，希腊神话与罗马神话进行了前所未有的大融合，所以后来的希腊人往往将希腊神话和罗马神话并称为希腊罗马神话。

三、希腊罗马神话中的宗教影响

希腊神话与宗教关系十分密切,它不仅为后来的西方宗教提供了大量的原始资源，而且在其发展过程中，也显示出了极其重要的作用。早在新石器时代，爱琴地区就已经出现宗教崇拜的萌芽,首先是经历了一段无偶像时期,之后才衍生出图腾崇拜，最后由图腾崇拜过渡到宗教崇拜。

守护神崇拜是希腊特有的宗教崇拜现象,希腊人把能够保佑自己的神置于一起共同崇拜，并给予一个集体的称号，如“城邦拯救者”被称为“索西波利斯”。

到了奴隶占有制共和国鼎盛时期,希腊人已经从基本的生存转向了城池的守卫和建设，因此，城邦的守护神成了这一时期普遍的宗教崇拜对象。希腊的宗教神崇拜多为自由的,但是对于城池守护神的崇拜却带有严重的政治色彩,不可有半点戏谑之意。不同的城池拥有不同的守护神，这是政治统治于思想上的意义。

一般来说,从一个城池崇拜的守护神就可以看出这个城池思想上的倾向。城池的护佑神往往是一位大英雄,很多城市还以英雄的名字来称呼自己的城市,以表敬意。雅典不仅是英雄忒修斯的安葬之地，也是忒修斯的圣地，所以忒修斯也是雅典城的保护神，他是所有被压迫者、穷困者的护佑者。希腊人为了祭奠心目中的英雄，每年都会举办祭奠仪式。

在希腊众英雄中，赫拉克勒斯是最著名的一个，他是赫拉克利德家族的祖

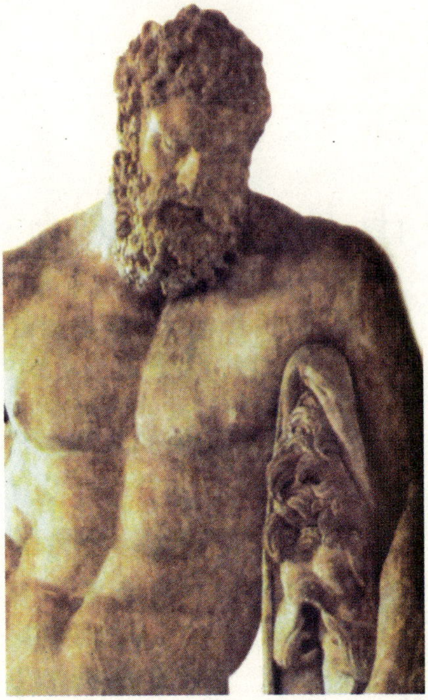

在希腊众英雄中，赫拉克勒斯是最著名的一个。

先，希腊人把他看作是天神宙斯和阿尔克墨涅的儿子。关于他的传说不是凭空杜撰的，而是根据他在“赫拉克利德氏族的征伐”之战中的英勇表现，加以适当的想像夸张完成的。在传说中，他是一名能掐死毒蛇，杀死狮子，拯救居民，能够完成十二项难以想像事情的大英雄。雅典是最早将赫拉克勒斯奉为神的地区，后来传播到希腊各地以及罗马等地。

在希腊，有些神保佑的是全体希腊人，在全希腊人都崇拜他时，某些地区还是把他尊奉为本地区的护佑神。这样的神一般最先都是先由一个地区开始，后来随着其影响力的扩大，逐渐被全体希腊人所接受。也可以说是由地域神逐渐向全希腊神的一个逐渐过渡。比如宙斯，他就拥有众多的称谓：宙斯·忒尔弥纳利斯就是其中的一个，但是忒尔弥纳利斯原为边疆守护神，只是后来同众神之父宙斯交融在一起。

荷马时期，希腊境内的神话传说由于《伊利昂纪》等典籍的广泛传播，使得奥林匹斯神为希腊人所熟悉。于是大批的神殿里，希腊人对神虔诚地供奉着。这一时期也是希腊神话系统性最强、最完整的时期。每个神的形象都是根据与其有关的所有传说总结而成，每位神都拥有极其鲜明的特点，主宰着宇宙间不同的事情。

到了这个时期，日神崇拜逐渐取代了酒神崇拜。在奥林匹斯神谱中，阿波罗在众神中占据着格外重要的位置，阿波罗作为太阳神，是放牧者的庇护神。在特洛伊战争中，他还是特洛伊人的助战神。在德尔斐，他还将其母亲勒托和姊妹阿尔忒弥斯的城市守护神的地位所取代。很多希腊境内的地域神后来也都和阿波罗相混同。到了古典时期，也就是奴隶制共和王国时期，阿波罗几乎已经成了希腊文化精神的象征，他象征着希腊精神中的理性和正直，而对酒神的崇敬就表现了希腊人的另一面。酒神狄奥尼索斯，是热情、自由、放纵的象征，他表现了希腊人冲动、激情的一面，在酒神狄奥尼索斯面前，希腊人可以放纵地狂欢。

宙斯仍是众神之首，是最高的天神。天后赫拉则是女神之首，她拥有洞察力十足的一双大眼睛，因为这双大眼睛，希腊人经常把她和牡牛联系在一起，于是她变成了牛类的保护神，有时候希腊人也将牡牛看作是赫拉的化身。

在酒神狄奥尼索斯面前，希腊人可以放纵地狂欢，充分表现了希腊人冲动激情的一面。

雅典娜在众神中的重要地位不庸置疑，她不仅是雅典的守护神，也是其它城池的守护者，其受欢迎的程度，可以从祭祀她的众多神殿、神庙得到证明。在对雅典娜的崇拜中，希腊人还很大程度上保存着图腾崇拜的特点，长矛、盾牌、橄榄枝、蛇……是她的神像中不可缺少的。

在奥林匹斯神中，阿尔忒弥斯也格外受希腊人所尊崇。作为狩猎女神，她很早就已深受希腊人的爱戴，但对于她的起源，直到现在却还是个不解之谜。有的人认为她起源于小亚细亚，而有的人则认为她起源于阿卡迪亚，但不论她究竟起源于哪里，到了后来，阿尔忒弥斯还是拥有了全希腊数量最多的神殿和神庙。她在希腊人的眼中，总是一位纯洁的处女之神，她经常出现在丛林之中。对于她的雕像，也拥有一定的图腾色彩，扁角鹿便是她的象征。

海神波塞冬在希腊渔民中是最受崇拜的，希腊人在重大节日或者家庭祭奠中，都要向波塞冬敬献祭品，以感谢他对渔民出海平安的庇护。波塞冬不仅是海洋之神，还是所有的水域之神，同时还是马匹的佑护神。

总的来说，希腊人的宗教崇拜与其他民族对神的崇拜是有很大区别的。首先，希腊神有很多个，而不是特定的某一个，每一个都具有不同的特点，都是具有人格精神的神。

从希腊人对神形体的塑造和能力的描绘中可以看出，在希腊人眼中，神其实和自己是很相似的，也就是“神人同形同性”。不同的是神拥有更强大的力量，可以预知更多的事情，他们的寿命要比人类长很多，但是他们不是没有对手，也不是没有缺点可言。对于这些神，希腊人觉得亲切而熟悉，可以说，希腊人信奉的神，是一种更优秀的人，这和后来的英雄崇拜十分相似。

天后赫拉是牛类的保护神，希腊人也将牡牛看作是赫拉的化身。

银币上的雅典娜女神。

希腊人的宗教信仰是无处不在的，他们的生活中无时无刻不体现出强烈的宗教信仰。他们在祭奠神的地方修建了神殿、神庙，在祭奠神的时候编排了歌舞、戏剧，为神塑造形象的同时，他们的雕刻技能又得到了大大的提高……于是在希腊境内的一个个神庙周围，形成了浓厚的宗教崇拜氛围。

与希腊宗教崇拜仪式相比，罗马宗教崇拜仪式相对缺少实质的内容，不比希腊宗教仪式那样丰富多彩。

罗马宗教崇拜神只是对神的一种颂扬，这种神往往都掌管着罗马人的日常生活，如掌管家庭灶火的维斯太，门神伊阿诺斯，农业神拉瑞斯，谷神刻瑞斯，果园神波莫拿，动物神法乌诺斯等等。一般来说，罗马人选择在田野，以家庭为单位，由家中的父亲担当祭师，对生活中的守护神进行祭典。主要就是焚烧香火，敬献美酒，诚心祷告。仪式的总体程序比较简单、机械，但罗马人的态度却非常认真、虔诚。

后来罗马官方对民间的神的崇拜进行统一之后，官方的宗教祭祀由祭司团主持，包括记录和管理宗教事务，监管焚烧祭品，通过观察飞鸟和检查祭品动物内脏来占卜未来等等。每到神的纪念日，还举办丰富多彩的节目。

随着时间的推移，希腊文化越来越深地融合到罗马文化里。在希腊文化和宗教的影响下，罗马的宗教崇拜神的体系逐渐完善起来。朱庇特就相当于希腊神话中的宙斯，是众神之父，掌管着世间万事万物。朱诺相当于赫拉，是宙斯的妻子，妇女的保护神。密涅瓦同雅典娜的地位和作用相同，不仅是正义战争女神，还是和平女神，同时还是智慧女神。

尽管这些神是罗马官方统一的，但却不是强制每个人都必须信仰，罗马人可

希腊人祭礼时的活动场景。

以根据自己的需求和喜好来选择。伴随着一系列战争的胜利，罗马人的物质财富不断增多，精神却因此而荒废。随着罗马帝王所推崇的个人崇拜，罗马对英雄的崇拜逐渐形成一种风气，大家崇拜各种征服者或者英雄，从而不再遵循一定的宗教仪式。

第二章

历史与文明中的神话颂歌

一、克里特——迈锡尼文明

二、斯巴达与雅典的辉煌

三、希腊文学中的神话表达

四、希腊戏剧中的神话原型

一、克里特——迈锡尼文明

在世界文化史上被称为希腊文化区的地域，是指在爱琴文明形成以后，爱琴海和希腊共同组成的文化区，就是在这里，诞生了西方文明的源泉。爱琴海地区是指包括爱琴海的各岛屿、希腊半岛和小亚细亚半岛西部的沿海区域，其周围被浩瀚的海洋所包围，有利于发展航海业。希腊半岛多山地，土壤也并不肥沃，只产有少量的谷物，农业并不发达，因此在这种自然生产条件下，葡萄和橄榄的种植就有了重要的意义。因为粮食的产量不能自足，所以希腊人利用他们便利的航海条件，从埃及、西西里岛以及黑海沿岸输入食物。

爱琴海地区最大的岛屿——克里特岛是爱琴文明的发源地，希腊的奴隶制国家最早就在这里诞生。

考古发现，在旧石器时代，约公元前7000年，爱琴海地区就已经有人类活动的痕迹，并在约1000年以后进入到了新石器时代。这些早期人类并不是希腊人，但是他们却创造了克里特文明。

公元前2000年左右，青铜器时代来到了，爱琴海上的克里特岛、希腊半岛的迈锡尼和小亚细亚沿海地区建立了早期的奴隶制王国。海上贸易和手工业已经有了一定的发展。因为地域的关系，克里特岛同隔海相望的古埃及在文明上便有了交流，并且受古埃及文明和两河流域文明的影响较大，而克里特文明也影响了希腊半岛的文明。于是以克里特岛为中心地带的文明产生了。这就是以克里特和迈锡尼文明为中心的古代爱琴文明，又称“克里特——迈锡尼文明”。它是较之希腊文明更早的文明，曾繁荣了好几百年。

此时的克里特岛内已经出现了宏伟华丽的宫殿，产生了最早的象形文字，农业生产也有所扩大，由于造船业的发展，克里特人已经开始和周边地区有了贸易往来，并产生了青铜币和线形文字A。后来米诺斯王国称霸了爱琴海地区。历史考古学家已经证实当时已存在大量的奴隶。

1876年，德国考古学家海因里希·施里曼让世人关注到《荷马史诗》中提到的迈锡尼文明。迈锡尼人与克里特的米诺斯人不属于同一民族，他们在占领了克里特岛以后，接管了原来由克里特人掌握的爱琴海的商业贸易控制权，并将克里特文明全部吸收到自己的文明当中。公元前1300年，迈锡尼文明进入到巅峰状态。

与克里特人一样，迈锡尼人同样根据当地不利于农作物生产的情况而开发了水上运输，通过这样的运输方式，迈锡尼文明的影响传播到了爱琴海周围地区。在建筑方面，迈锡尼文明也有了长足的进步，贵族们建造起豪华的宫殿和奢华的墓室，这也是其威力的象征。在宗教方面，迈锡尼文明对后世有一定的影响，宙斯、赫拉、赫耳墨斯，波塞冬等神就是从那时流传下来的。

迈锡尼人比克里特人更适应战争，他们将城市建在山顶，并且严密防守。迈锡尼人使得自己的国家日渐强大，之后便开始向外侵略，以致国力大大耗损，到了公元前12世纪，迈锡尼文明逐渐呈现出衰败的趋势，国内的生产开始萎缩，海上贸易也频频遭到打击。经济的困扰使得统治者更加疯狂的从国外掠夺，战争频繁爆发。这些最终使得迈锡尼文明遭到了北方蛮族的毁灭性打击。

在迈锡尼文明兴盛时期，最有名的一场战役就是特洛伊战争。特洛伊战争是希腊联军一起攻打特洛伊城，这场战争整整持续了十年之久，最后终于利用“木马计”，希腊联军才取得了胜利，但是漫长的战争使征战双方都消耗了大量的军力，作为希腊联军首领的迈锡尼人在攻下特洛伊城不久后就被多利亚人消灭。迈

刻有象形文字的书板。

锡尼文明宣告灭亡。

“克里特——迈锡尼文明”的衰落，使得它和后来的希腊文明出现了一个中断期，也就致使两者各自具有不同的特点，但是爱琴文明仍是希腊文明的起源，对人类历史有十分深远的影响。

二、斯巴达与雅典的辉煌

当多利亚人结束了迈锡尼文明之时，迈锡尼原本已经相当发达的文明几乎被完全毁灭，就连文字也消失不见了。希腊进入了公元前11世纪至公元前9世纪的荷马时代。

关于这一时期，伟大的诗人荷马用他手中的笔记录了整个包括迈锡尼文明在内的希腊人传颂的传说故事，因为这份材料是对于这时期的唯一文字记载，因此被称为“荷马时代”也被称为“英雄时代”。

荷马时代，希腊的政体形式为氏族部落制度，并且达到了氏族部落的鼎盛期。此时，手工业有了一定的发展，并开始出现行业分工。《荷马史诗》记载了当时公社和贵族占有大量土地，私有财产使得贵族们的生活状况远远超出了一般平民。在荷马时代末期，铁器逐渐取代青铜器得到推广，城邦国家纷纷建立，海上贸易也重新发达起来，希腊人还创造了自己的文字。

这些城邦国家在政治上，从国王手里夺下了统治权，废弃了王权，取而代之的是由议事会控制国家权力，政治变革使社会开始动乱，由于国家贫困、民不聊生，对外扩张大规模展开。城邦之间不断爆发战争，战败一方的人民还要沦为奴隶。因此各城邦国都十分重视国民体格的锻炼，将拥有强健的体魄视为每个公民神圣的职责，勇武善战的胜利者们也将成为万民尊敬的对象。

希腊共有200多个大大小小的奴隶制城邦国家，其中最强大的两个典型城邦为雅典和斯巴达。在面积上它们是希腊最大的两个：雅典为1060平方英里，斯巴达为3000平方英里。鼎盛时期，两城人口都达到了40万。其他的诸如底比斯、麦加拉、克林斯等均为小国寡民。在这段时间里，每个城邦国有着与他国不同的最突出的文明发展，如米利都是在哲学和科学方面，而科林斯则是在文学和艺术方面。

斯巴达城的创建者是公元前10世纪到公元前9世纪的多利亚人。之后斯巴达城逐渐强大起来，先后征服了拉格尼亚地区、希洛斯城。到了公元前740年，斯巴达人发动了第一次美塞尼亚战争，侵占了美塞尼亚人的平原土地，将美塞尼亚人变为奴隶。不堪奴役的美塞尼亚人于公元前640年起义反抗，但是以失败告终。这场战争被称为第二次美塞尼亚战争。

斯巴达的政治制度是奴隶主贵族专政。其国家机构由国王、公民大会、长老会议以及监察官组成。为了使自己的军事力量不断强大，斯巴达实行严格的军事训练制度，并且极其重视个人的身体素质，初生的婴儿如果残疾或者畸形，便被

出征前的斯巴达士兵。

抛弃。不仅男人要进行锻炼、服兵役，就连妇女也要为了生出强健的后代而进行体育锻炼。

经过大量的战争，斯巴达人逼迫其他的城邦国与其组建同盟，共同参与斯巴达的扩张战争，这个同盟被称为“斯巴达及其同盟者”。

早在公元前12世纪，多利亚人南下使得迈锡尼以及周边地区的一些居民逃入雅典城内，和原本的四个阿提卡部落的人一起组成了雅典最早的居民。但此时氏族内外到处充满了矛盾，由于人民血统的混杂，氏族血统遭到了严重的破坏，于是出现了提秀斯改革。以雅典城为中心建立了中央议事会以及行政机构，并把部落子民分为贵族、农民和手工业者。提秀斯的这次改革是雅典国家正式开始的标志。

雅典的贵族会议是最高的监察和审判机关，享有很大的权力。作为掌握政权的贵族们又残酷地压榨农民和手工业者，导致了一部分农民和手工业者沦为了奴隶。这样的趋势下，双方的矛盾愈演愈烈，导致了基伦暴动、德拉古法典的制订以及梭伦的一系列改革等政治事件，农民和手工业者用鲜血赢得了一些权力。但是梭伦的改革并不能满足农民的需求，又因为侵犯了贵族的利益而受到两方的排挤。在梭伦离开以后，雅典贵族与农民的斗争继续向前发展。

夺取了雅典政权的庇西特拉图继续梭伦的政策，给农民带来了更大的利益，使得农业和手工业有了一定的发展。但由于其后代骄奢度日、不问政事，很快雅典贵族复辟。但是已经强大起来的农民们用自己的力量推翻了贵族们的统治，建立了民主政治。由平民领袖克里斯梯尼进行了民主改革，民主力量得到了壮大。

克里斯梯尼的改革肃清了氏族制的残余势力，使平民和贵族阶层的长期斗争终于结束，最终使雅典从氏族过渡到了奴隶主民主共和国。奴隶主民主共和国的建立极大地加速了雅典商业和工业的发展。

在希腊城邦不断强大并向地中海地区扩张的同时，位于西亚的波斯帝国也在凭借自己的强大军事力量向西侵略。在征服吕底亚以后，又吞并了小亚细亚半岛上的爱奥尼亚等希腊城邦。为了自身的生存，小亚细亚半岛上的诸个城邦纷纷掀

斯巴达武士的浮雕。

起反抗波斯的战役，但均以失败告终。公元前499年，波斯王国把矛头指向了希腊半岛。由于海上飓风的帮忙，斯巴达和雅典取得了战争的第一次胜利。

公元前490年，波斯国王率领50万大军，向希腊半岛发动了第二次进攻。希腊联盟军以一万余人在马拉松平原抵抗登陆的波斯10万大军。在将军米太雅的带领下，以少胜多，重创敌军。胜利后派一名将士将捷报送到雅典，他不停歇地跑了40余公里，将胜利的喜讯传达到便倒地而死，现在的马拉松比赛就是为了纪念这一事件。

其后，希腊各城邦联手抗击外敌，斯巴达国王率领部队组成了希腊联军的陆军部队，在温泉关阻击波斯军队。但由于波斯部队有奸细带路，使得斯巴达部队全军覆灭。而由雅典军组成的希腊海军在温泉关失守的这段时间内已经集结了大批精兵良将，在波斯人攻破雅典城不久，将波斯海军一举歼灭，使得波斯陆军在没有补给的状况下不得不撤军。在希腊联军的追击下，原来被波斯帝国占领的希腊大陆全部得到解放。第二次希波战争也终于以希腊胜利宣告结束。

希波战争以后，希腊各城邦国的经济发展进入到了极不平衡时期，一部分城邦发展水平极其落后，但是也有诸如雅典、科林斯等进入到了较快的发展中，进入了经济发展的繁荣期。农业、手工业、商业以及金融业也得到了大规模的发展。以雅典伯里克利时代为首的希腊城邦在政治、经济和文化等方面都呈现出了繁荣的局面。

希波战争以后，雅典依靠其强大的海上军事力量成为了希腊的霸主，在伯利克里时期达到了黄金时代。希波战争取得了胜利，雅典不但没有将希腊联盟的海上同盟解散，反而向同盟国收纳贡金，还利用同盟国的贡金和纳税支付自己国家的开支。雅典不但成为了海上同盟的领导者，还成了希腊联盟的霸主，而其他联盟国则处在了附属的地位，成为了雅典实现其霸权主义的工具。

不满雅典霸权的同盟国不断掀起反对霸权的斗争，但都被镇压。终于与另一个也想要称霸希腊的斯巴达邦国产生了无法调和的矛盾，终于爆发了伯罗奔尼撒战争。公元前431年，斯巴达率领其同盟国攻打雅典同盟普拉提，开始了长达27年的遍及整个希腊的战争。

在战争中，交战双方都各有胜负，但是任何一方都始终无法取得决定性胜利，于是在公元前421年签署合约。但是这份合约根本没有消解双方的矛盾，到了公元前415年,.雅典再次对斯巴达同盟国发动大规模进攻，在内外双方矛盾的夹击下，最终以失败告终。公元前404年，斯巴达成了希腊新的霸主。

伯罗奔尼撒战争以后，私有财产数额之大使得希腊各城邦国经济基础被破坏，贫富差距的扩大激起了贫民不断起来反抗富人，各城邦陷入了混战的局面。

加之出现了公民集体瓦解、雇佣兵之流行的趋势，城邦制度濒临危机。

斯巴达的高压政策引发了附属国的反抗，附属国在波斯帝国的支持下取得了“科林斯战争”的胜利。从此，斯巴达的海上霸权统治丧失。后在波斯的压力下，斯巴达以出卖小亚细亚地区城市为代价勉强维持了他在希腊的霸权。但此时斯巴达国家内部已经出现了严重的社会危机。

公元前379年，底比斯民主派打败斯巴达军队，重建民主政权。之后各城邦独立自治。公元前368年，伯罗奔尼撒同盟解体。之后又经历了几次希腊霸主的争夺战，在征战中，各个城邦国不仅耗损了大量的财力、物力、军事力量，也预示了最后被马其顿征服的悲惨命运。

早在希波战争之后，希腊文明便进入到了高度繁荣时期，哲学、建筑、音乐、美术、文学、戏剧、雕塑、数学、医学、化学、物理学等等全都取得了辉煌的成果。希腊的学术气氛非常自由，希腊人可以在公共场合举行学术与政治

战争期间的娱乐活动。

辩论，因此也产生了很多著名的社会活动家和哲学家。公元前 5 世纪至公元前 4 世纪期间，是希腊文明的巅峰时期，出现了埃斯库罗斯、阿里斯托芬、亚里士多德、欧里庇德斯和苏格拉底等伟大人物，对后世文明的发展都起到了不可替代的重要作用。

三、希腊文学中的神话表达

早在迈锡尼文明衰落之时，在迈锡尼文明期间出现的线形文字也随之消亡，但是这样消亡不但没有使已有的文明遗失，反而由于书面记录的不复存在而使希腊半岛的口头文学创作异常活跃。希腊文学和神话永远是融为一体的，流传到今天的希腊神话大多是得益于希腊文学的滋养，这些意义深远的文学作品包括荷马的《荷马史诗》，赫西奥德的《工作与时日》、《神谱》，奥维德的《金驴记》等经典著作，以及后来取得辉煌成就的希腊戏剧。

希腊人充满想像力，且拥有着重视个人尊严的文化价值观，因此希腊的文学也表现出了一种智慧、奔放、浪漫的个性。由于海上贸易的发达，使得希腊同埃及等文明国度有着密切的文化联系，从这些东方国家吸收了大量的文化养料，因此，现在的希腊文明还带有浓重的东方色彩。

希腊文学无不表现出生活在宇宙中的人类受命运控制的特点。在命运的范围内，希腊人可以通过自己的努力战胜困难、险阻。但一旦和命运相碰触，无论是怎样超凡的人类都逃不出命运的安排，具有很重的宿命论色彩。在文学作品中，命运的强大威力令所有人类或者英雄惧怕，但当和命运发生冲突的时候，人又可以和命运进行顽强的斗争，即使最后失败了，但是过程中所表现出来的顽强精神仍然让人感动。

表现“荷马时代”希腊生活的辉煌浮雕。

总的来说，希腊的文学发展共历经四个阶段：第一阶段是公元前12世纪至公元前8世纪的“荷马时代”，是氏族社会向奴隶制社会的过渡时期；第二阶段是公元前8世纪至公元前6世纪的奴隶制社会形成时期；第三阶段是公元前6至公元前4世纪初的“古典时期”，是奴隶制城邦全盛时期；第四阶段是公元前4世纪末至公元前2世纪中叶的“希腊化时期”，是奴隶制的衰落时期。

从荷马时代开始，到公元前4世纪，是希腊文学发展的鼎盛时期，也是希腊文学最光辉灿烂的时代。有人曾经说，不了解希腊文明就不能很好的了解整个欧洲文明的起源，从这点就可以看出作为希腊文明的重要组成部分——希腊文学对整个欧洲文明乃至世界文明的深远影响力。

在各种文学形式中，最早期的就应该是希腊神话了。公元前8世纪以前，希腊神话就以口头流传的形式被希腊人相传。这些神话中向我们展现的是一个浩繁的天神世界，其庞大的系统虽然使得人物与故事有的时候不能完全一致，但是大体上都可概括为神的故事和英雄传说两大类。故事中的天神和人类具有相同的形体与思维，他们基本也是从出生就带有和父母的血缘关系。他们没有任何一个不食人间烟火，他们同样和人类一样争风吃醋，爱慕虚荣，并且更善于运用计谋。而英雄则是天神和凡人结合而生的，他们拥有过人的毅力和非凡的才能，他们在故事中往往表现得比神更加聪明、智慧而正直。

公元前8世纪，《荷马史诗》的问世使得希腊神话更加系统化，由于荷马是在他人口述的基础上进行了高水准的文学创作，因此，无论从语言的流畅、人物的塑造，还是主题思想方面而言，都使希腊文学达到一种相当高的程度。

文学史家的研究表明，在当时的希腊还有很多类似于《荷马史诗》的文学作品，但是由于影响力没有《荷马史诗》那样大，随着时间的推移，渐渐就被希腊人淡忘了。

到了奴隶制社会时期，希腊的抒情诗、散文、寓言发展的都很迅速，涌现出大量的作品，其中的代表作是诗人赫西奥德的两部长篇叙事诗《工作与时日》与《神谱》。赫西奥德用朴素的笔法在《工作与时日》中描写了勤劳的农民和贵族之间的矛盾，以及他们日常生活中发生的种种故事，不同于《荷马史诗》中那种宏大战争场面的描写。另一首叙事诗《神谱》则将希腊神话中的众神有条序地编排，并通过故事叙述将他们联系到一起，使众多神形成了一个庞大的体系。

到了公元前6世纪的“古典时期”，以雅典为中心的雅典文学创造了希腊文学的又一个巅峰，其内容主要包括悲剧、喜剧、文艺理论和诗歌等，其中以戏剧成就最大。

由于中古欧洲教会为了使神学成为人民的唯一信仰，便开始对不符合其教义的古典文学进行“摧残”，很多著名的希腊抒情诗也就从那时起开始失传于世了。但还是有一些抒情诗保存了下来，只是没有了完整的叙述。尽管这样，希腊抒情诗歌对后来欧洲诗歌的影响还是极其深远的。

这一时期的希腊抒情诗歌都是以歌唱的形式吟诵的，歌唱过程中由乐器伴

笛歌伴奏是当时希腊抒情诗歌一种流行的一种表现形式。

弦琴伴奏出现在当时抒情诗歌的吟咏中。

奏，分为笛歌和琴歌。其后，更是产生了哀歌，它是由一种叫作“埃勒格体”的抒情诗发展而来的，有时也把这种诗的吟唱称为战歌或情歌。提尔泰奥斯是最著名的哀歌体诗人，据说他在前往斯巴达的途中写了一些战歌，激励战士们英勇作战，最后斯巴达人取得了战争的胜利。

著名的哀歌体诗人还有阿尔基洛科斯，他在前人的基础上不仅创作了许多优秀的抒情诗，还发明了新的格律。他的诗歌种类也很丰富，有歌颂战争的，也有抒发情感的，但遗憾的是，他的诗歌都没有保存下来。品达也是希腊最伟大的抒情诗人之一，对于国家运动中的胜利者，他以自己优美的诗歌来赞美，并且每一首诗歌都会与一个神话传说相关联。这一时期的著名诗人还有卡利诺斯和梭伦等人。

在用笛子伴奏的诗歌出现以后，弦琴伴奏又开始被希腊人应用到诗歌的吟诵中去。著名的琴歌诗人有泰尔潘德罗斯。公元前6世纪初，一种使用爱奥尼亚方言的诗歌开始流行，主要的诗人有贵族阶级的诗人阿尔凯奥斯和希腊最著名的女诗人，也是被誉为希腊时期最伟大的抒情诗人——萨福。阿尔凯奥斯的颂歌里有关于爱情的诗歌，有关于战争的诗歌，也有关于政治的诗歌，但更多的是饮酒歌。

在阿尔凯奥斯诗歌当中充满了乐观的斗争精神，也充满了爱国主义精神。

萨福最擅长写婚歌和情歌，她的语言没有过多的修饰，以朴素自然的语言表达了丰富的情感。因为萨福是列斯波斯岛的贵族，所以她的诗歌多为反映她所了解的希腊贵族阶级的生活状态，柏拉图称她为世界上“第十位文艺女神”。

除了阿尔凯奥斯和萨福之外，希腊的三大抒情竖歌诗人的第三位就是阿那安菲特律翁。阿那安菲特律翁的诗以神话传说为题材，更接近叙事诗的写法。后来有很多诗人模仿他的作品，现在我们所能见到的作品很多都是模仿他的饮酒歌和爱情歌而作的，这些模仿他诗体的诗歌，被称为“阿那安菲特律翁体”。阿那安菲特律翁本人的作品只流传下一些短诗和残句。

希腊文学所达到的高度，是整个希腊文学史上的最高成就，以后再没有哪个时期使希腊的文化在全欧洲乃至整个世界起到如此重要的作用了。罗马的文学很大程度上受到了希腊文学的影响，也曾有过一些宗教诗歌的著作，但是其影响力均不大，更不能与希腊文学相提并论了。

四、希腊戏剧中的神话原型

希腊戏剧的产生与希腊的神话宗教崇拜是密切相关的，希腊人在祭奠祖先、举行节日庆典的时候，往往会排练一些与这些神祇相关的小短剧，以在仪式之时表演。就戏剧内容而言，有很多悲剧，尤其是世界闻名的悲剧，很多都是根据神话故事改编而成的。而喜剧，则更多表现的是现实生活中人的生活状态。

希腊戏剧对全世界的文学产生了巨大的影响，与其他文明古国的戏剧相比，希腊戏剧流传下来的最多，年代也最早。希腊戏剧的繁荣期是在公元前5世纪，那时候的戏剧已经具有了自己独特的魅力。希腊戏剧分为悲剧与喜剧这两种类型，但无论是悲剧还是喜剧，都取得了前所未有的成就。

希腊悲剧总体所依赖的创作思路是：英雄一般是故事的主人公，作者一般将他们的品格写得极为高尚，但是往往因为命运的波折而使高贵的精神受到摧残，美好事物遭遇毁灭。就是通过这种方法，使观看戏剧的希腊人感到心痛、悲凉、甚至是恐怖。这种的悲剧的表达方式一直影响了西方悲剧观念一千多年。希腊出现了著名的三大悲剧戏剧家，他们分别是埃斯库罗斯、索福克勒斯和欧里庇得斯。其中埃斯库罗斯被誉为“悲剧之父”。

希腊悲剧是由酒神狄奥尼索斯的祭奠典礼上的乐舞表演而演变来的。史料记载累斯博斯岛的阿里翁是演唱这种乐舞的第一人。在合唱队诞生以后，诗人泰斯庇斯第一次选取了一个演员让他以对话的形式同合唱队同台表演。再后来埃斯库罗斯加上第二个演员，这对于戏剧是具有决定性意义的里程碑。在第二个演员增加上以后，今天所谓的戏剧才真正诞生。按照当时要求，参加表演的诗人要表演三部悲剧和一部“羊人剧”。“羊人剧”就是让合唱队的人员扮成半人半羊的模样演出。埃斯库罗斯的作品，一般都是三部曲连贯的讲述一个故事，他追求诗歌词句的华丽形式美，以及冲突的表现，但不重视叙事的结构和人物的刻画。

古希腊剧作家埃斯库罗斯。

埃斯库罗斯的代表作是“英雄悲剧”《被缚的普罗米修斯》。这部剧取材于希腊神话普罗米修斯的故事原型。宙斯为了惩罚人类，将火种夺走，普罗米修斯却暗地盗取火种悄悄送到人间，并且教给人生产的技能，暴怒的宙斯把他用坚韧无比的锁链锁在高加索悬崖上，并派老鹰白天啄食他的心脏，夜间又让其长好。日复一日，后来宙斯想要可以预知未来的普罗米修斯告诉他谁会最后取代他的王位，被普罗米修斯拒绝。在雷电中，普罗米修斯落入万丈深渊。

埃斯库罗斯的另一部作品《奥瑞斯特亚》(包括《阿伽门农》、《祭奠人》、《复仇神》三部）也被世人所熟悉。

《奥瑞斯特斯》讲述的是特洛伊战争的希腊联军首领阿伽门农的故事。宙斯为助阿伽门农作战，派两只老鹰下人凡间，但凶猛异常的老鹰却将一只刚刚受孕的母兔撕碎了。此事惹怒狩猎女神阿尔忒弥斯，阿尔忒弥斯于是停止了希腊军队

希腊悲剧是由酒神狄奥尼索斯的祭奠典礼上的乐曲表演而演变来的。

急需的顺风。预言家将此事告知阿伽门农，为了求得顺风，他便将他的女儿献给了阿尔忒弥斯，以平息神的怒气。但是，在他出战期间，自己不甘寂寞的妻子吕藤涅斯特拉却背叛了他，和男人埃吉斯托斯相互勾结，在阿伽门农凯旋回家以后将其谋害致死。在剧中，神扮演了公平的角色，不袒护任何一个犯下过失的人：阿伽门农，毁坏了神殿，屠杀了太多的生灵，其悲惨的结局是必然之所至。

阿伽门农死后，他的儿子奥瑞斯特斯装扮成一个流浪者回到家中，骗其母亲吕藤涅斯特拉，声称阿伽门农的儿子已死。于是吕藤涅斯特拉兴奋异常，并要将这一“喜讯”告诉还在担惊受怕的埃吉斯托斯。于是奥瑞斯特斯借机将埃吉斯托斯杀死，为父亲报了仇。但是回到家中，面对自己的母亲，他却狠不下心来。这时，太阳神阿波罗出现了，他帮助奥瑞斯特斯下定决心，将母亲吕藤涅斯特拉杀死。

杀母之后，奥瑞斯特斯成为了复仇女神要惩罚的对象，他只得求助于阿波罗，阿波罗找来雅典娜作公正的裁决。于是，在战神阿瑞斯的圣林里，对奥瑞斯特斯的审判开始了。状告奥瑞斯特斯因杀害亲生母亲，应被处罚的复仇女神一方，与认为奥瑞斯特斯是替父报仇的“新神”一方形成了尖锐的对立。双方商定，以投票的方式来判决奥瑞斯特斯是否有罪，如果票数相等，奥瑞斯特斯便无罪释放。最后，由于雅典娜在双方只差一票的关键时刻将票投给了“新神”一方，这样一来，双方票数相等，奥瑞斯特斯被无罪释放。但因为雅典娜在最关键的时刻站到了复仇女神的对立面，她的这一选择惹怒了复仇女神，复仇女神将全部的怒气转移到雅典城的子民身上。为了安抚这愤怒的女神，雅典娜让雅典人民将复仇女神奉为在雅典的神。

埃斯库罗斯的《奥瑞斯特斯》其意义不仅是戏剧上的成就，同时也是对人类文明进步的颂扬。家族的仇杀最终由法庭的公审所取替，民主的裁决成为了最终的判决。

埃斯库罗斯之后的索福克勒斯，在戏剧表演队伍中又添加了第三个演员，与此同时，他减弱了歌队的重要作用，更注重人物内心的刻画。索福克勒斯的作品

表现埃斯库罗斯的《奥瑞斯特斯》内容的绘画。

不再是三部悲剧和一部“羊人剧”的连续表演，而是用一部作品讲述一个故事，每个故事都是独立的个体，具有独特的人物性格特色。索福克勒斯的悲剧所讲述的内容已经不局限在神话故事和英雄传说这两部分，而添进了一些现实生活中的色彩，使整部作品的人情味十分浓厚。

他的代表作品《俄狄浦斯王》拥有“开放式”和“封闭式”两种结构。故事取材于神话故事俄狄浦斯。讲述的是：忒拜城的国王向神祈求一子，神赐予他一个儿子，但却预言他的儿子长大之后将会把父王杀死，娶自己的亲生母亲为妻。得子后，国王因为害怕神的神谕，便命仆人将刚出生的婴孩抛于城外的山上。善良的仆人因可怜孩子，便将他交予了一个路人，而这个路人正是邻国科任托斯国王的牧人，而邻国国王无子，牧人便将婴儿交给了国王。

国王一直将孩子养大，这就是长大成人的俄狄浦斯。俄狄浦斯向太阳神阿波罗求证自己究竟是不是科任托斯国王的亲生儿子，却得知自己将会弑父娶母，于是他从科任托斯宫殿出逃。在路口杀死了一位挡路的年迈老者，但是万万想不到的是，这位老者就是他的亲生父亲。解救了忒拜王国以后，俄狄浦斯被忒拜百姓拥为国王，并娶了宫中的王后，其实就是他的亲生母亲。不久，忒拜王国滋生瘟疫，百药而不得其解，百姓向阿波罗求助，神谕却告知他们要赶走杀死老国王的凶手。在俄狄浦斯的追查下，发现竟然是自己杀死了父亲，并娶生母为妻，于是他刺瞎了双眼，离开忒拜。

在原来的神话故事中，还有关于俄狄浦斯离开忒拜以后的描写，索福克勒斯只选取了俄狄浦斯杀父娶母的一段。“开放式”的结构一共有五幕：第一幕：“弃婴”；第二幕：“杀父”；第三幕：“娶母”；第四幕：“追查凶手”；第五幕：“出走”。“封闭式”结构只选取了最后两幕，集中描写了俄狄浦斯追查凶手和真相大白之后刺瞎自己的双眼，前面三幕的剧情则采用补叙的方式加以交代。

索福克勒斯擅长运用“封闭式”结构，他不像“开放式”结构那样从头到尾按照神话故事的发展脉络来写，而是截取其中一个最有表现力的片断，用这一片断的描写，讲述出整个事件的经过。从危机着手，一下子就将矛盾推向高潮。

表现索福克利斯的《俄狄浦斯王》内容的绘画。

在索福克勒斯的笔下，戏剧刚一开场就是：神发怒了，麦穗枯了，牛死了，妇人流产了，忒拜城发生了灾难。俄狄浦斯派人去向阿波罗神祈求神谕，神说将杀死先王的凶手赶出城去，灾难就能解除。俄狄浦斯誓要严惩这个杀死先王的人，以解救忒拜人民。之后便开始了第一场“追查凶手”和第二场“刺瞎双眼出走”的表演。

此剧一开场就引出悬念，“谁是杀害先王的人”？然后在叙事中采用了回顾的手法将原来的前三场戏加以简要描述，运用关键时刻突转的方法将观众吸引到剧中去。此剧最大的悬念就是俄狄浦斯会不会弑父娶母。由这一悬念出发，又追问了几个小的悬念，在所有小悬念解决之后，谜底迎刃而解。在一个个悬念的解决过程中，观众的心灵被一次次的刺痛，俄狄浦斯杀死的是自己的亲生父亲，之后又娶了自己的生母，而也是他自己要严惩这个凶手和不道德的人，在一番调查与询问之后，才发现原来自己就是那个罪不可赦之徒。就在谜底一层层地露出时，观众的怜悯之情，恐惧之感也愈演愈强烈。

索福克勒斯的《俄狄浦斯王》严格遵照“三一律”，地点只有一个：王宫前院；情节只一条：是谁杀死了先王；时间发生在一天之内。这种“封闭式”的结构和“三一律”，对西方戏剧产生了深远的影响。

欧里庇得斯被誉为“舞台上的哲学家”，他所处的时代是智者派哲学盛行时期，新的价值观念使得希腊人对很多原已具有的东西产生怀疑，不只是有着悠久历史的神话传说，甚至是希腊人一直信仰的神也受到怀疑。虽然欧里庇得斯的作品仍然是在古代神话故事和英雄传说的基础上创作的，但其实质内容已经在关注当时的社会问题。

欧时庇得斯的作品《埃勒克特拉》讲述的是阿伽门农的女儿在其生母的情人埃吉斯托斯的逼迫下，嫁给了社会地位低下的农民。幸好农民生性敦厚，一直没有和埃勒克特拉同床。后来在埃勒克特拉同弟弟奥瑞斯忒斯重新聚合之后，帮助弟弟杀死了埃吉斯托斯和亲生母亲吕藤涅斯特拉，为父亲报了仇，也为自己出了一口恶气，但事后却又悔恨不已。

《美狄娅》则取材于希腊神话传说“阿尔戈”。美狄娅为了爱情抛弃了家庭，背叛了民族，杀死了兄弟，离开了从小长大的地方，帮助心上人伊阿宋取得了金羊毛。但是伊阿宋却将她抛弃，要和国王的女儿结婚。绝望的美狄娅决定报复，她杀死了国王和公主，以及自己的两个亲生儿子，之后乘龙车离去。

欧里庇得斯擅长对女性心理的描写，对于女性，他总是心怀同情。《美狄娅》中的一句台词就可以充分表现欧里庇得斯的这种心理：“在一切有理智、有灵性的生物当中，我们女人算是最不幸的。”

与悲剧不同的是，希腊喜剧的主人公往往是现实生活中的人，故事描写的内容也是根据现实生活中的事改编的，多半是以嘲讽的口吻揭露人性中的丑陋一面，来引起观众的欢笑。希腊喜剧和悲剧一样，最原始的起源是祭祀酒神，狄奥尼索斯是希腊人民尊敬的酒神，在葡萄丰收的季节，希腊人聚集在一起，一边唱歌，一边跳舞。他们歌唱酒神的自由、歌唱酒神的热情、歌唱酒神赐予他们甘甜的美酒、歌唱他们可以在酒神这里尽情的狂欢……在这样的欢庆场合，他们可以完全地放纵，就算是完全不同的阶级也可以平起平坐，贵族和平民可以直言不讳，有时候甚至放纵到令人觉得低俗的程度。这也就是希腊喜剧没有被希腊人所广泛接受，而只能作为悲剧点缀的原因所在。就当时的希腊女性观众而言，由于希腊喜剧的表演中经常会有下流的成分，观看喜剧对于她们来说是被禁止的，所以她们只能观看悲剧。

阿里斯托芬是希腊杰出的喜剧家，被誉为“喜剧之父”。他曾写过数十部喜剧作品，但是只流传下来11部。在他的作品中，看似嬉笑打闹，甚至滑稽无厘头之下，潜藏的是深刻而严肃的主题含义。一般来说，他的作品是以激烈的争执开场，然后在对骂中决出胜负，胜利的一方会举办一些欢庆的仪式。伯罗奔尼撒战争时期是阿里斯托芬的喜剧创作的重要阶段，战争中，作者的故乡遭到了侵略，人民陷入水深火热之中。这种经历对后来阿里斯托芬作品中辛辣的嘲讽起到了很大的孕育作用。

阿里斯托芬第一部有影响力的作品是《阿卡奈人》，这是一部著名的反战喜剧。讲的是雅典农民狄开俄波利斯厌恶战争，私下单独与斯巴达人媾和，遭到一些阿卡奈人的反对。但是他却狡辩说，战争爆发的原因是相互争利，双方都有责任，不应该全怪斯巴达人，战争的最终获利者只是少数的政治野心家和将领。最后，狄开俄波利斯得意地喝着酒，醉醺醺地回到了家，主战的将领却身负重伤。这部作品反映了农民对战乱的无奈以及对和平的渴望，这也是阿里斯托芬自己对战争的看法。

阿里斯托芬在他的另一部作品《鸟》中，为希腊人描绘出一个理想国的国度。

希腊人的狂欢和放纵是希腊喜剧中常见的主题背景。

林间的飞鸟在空中建立了一个理想的社会——“云中鹁鸪国”，这里的每一个成员都是平等的，这里不存在压迫和奴役。这部作品的诞生，源于作者对现实的不满，表达了作者想要建立理想城邦，恢复旧时雅典民主的想法，通过鸟反映出农民对自由平等生活的向往。这部喜剧艺术表现方法独特，情节丰富多彩，具有很强烈的抒情感。从这部作品也可以看出阿里斯托芬丰富的想像力。

阿里斯托芬还值得一提的作品是《蛙》，在《蛙》剧中，酒神到阴间接欧里庇得斯还阳，正巧遇见两位诗人埃斯库罗斯和欧里庇得斯正在为悲剧首座权该落谁手而争论不休。于是酒神充当裁判，认为他们各有优势，也都存在着不足。埃斯库罗斯的作品中充满了教育意义，以英雄的献身精神教育人民要热爱自己的国家，对待他人要充满爱，但是欧里庇得斯的悲剧却丝毫无教育意义可言。最后判定获胜一方为埃斯库罗斯，埃斯库罗斯被酒神带回阳间。在这里，阿里斯托分将自己的看法体现到他剧中的每一个人物的对话中去。剧中两位诗人的争论是希腊文学作品中最早的文艺批评。剧中对于冥界的描述和现实生活很接近，具有很强的讽刺意义。

希腊戏剧在刻画人本身的前提下，运用神话原型，将神与人交融在一起，创造了令世人惊叹的戏剧艺术。就这一点而言，是源于希腊神话中将人提升到神的高度予以赞颂的原因。

希腊戏剧是希腊文学中的瑰宝，而希腊文学又是希腊文明的珍贵记录与颂歌，它们都前所未有地影响了后世文明的发展。希腊人用他们的杰出智慧与创造力创造了一段人类最伟大的文明史。希腊灭亡以后，罗马人继承了希腊的文明，但是文明并没有继续得到辉煌发展，而是逐渐衰落下去。

第三章

图腾崇拜与神庙圣地

一、拜物教与万物有灵论

二、著名的神庙与神殿

三、众神雕像的艺术之美

一、拜物教与万物有灵论

自人类诞生之日起，早期人类就模糊地认识到：人类和大自然有着无法割断的联系，随即产生了自然崇拜，而自然崇拜中最具有典型意义的就是“图腾崇拜”。图腾崇拜在希腊文明中有着不可忽视的重要作用，现代的西方宗教崇拜来源于希腊人的“图腾崇拜”，而希腊的图腾崇拜是因为希腊人对大自然的敬畏而将其神秘化的一种表现。

与其他地域的早期人类相同，希腊人认为，最初的人类源于大自然，氏族中某一种动植物就是自己氏族的祖先，或者是保佑自己氏族平安团结的具有某种超凡能力的神祇。为了祭奠祖先，祈求祖先保佑，希腊人便对这些动植物的形象加以祭拜，于是产生了图腾崇拜。

希腊人对图腾的崇拜经历了从拜物教到万物有灵论这一过程，并且不同的氏族崇拜的图腾是不相同的：闪电和鹰是宙斯的化身，牡牛则象征着赫拉，长矛、盾牌、橄榄枝代表的是雅典娜，月桂树的出现即是阿波罗显身……这些神是永生永世长存在宇宙之中的，具有人类无法与之相比的神奇力量，可以说在他们的喜怒哀乐、相互争斗中，人类的命运可以发生翻天覆地的变化。对于本部落的图腾和保护神，希腊人定期举办仪式加以祭拜，并且相应地保护图腾之物。特别值得一提的是，在希腊，同一氏族的男女是禁止结婚的，也就是说结婚的男女崇拜的

希腊人不同氏族崇拜的图腾是不同的：闪电和鹰是宙斯的化身，牡牛象征着赫拉，而月桂树的出现即是阿波罗显身。图为胜利女神为阿波罗加冠。

是不同的氏族图腾。

希腊人崇拜各种神物，比如石柱、树桩、武器（双面斧或双面盾）等。希腊人所崇拜的神物中，双面斧和双面盾是格外重要的，这是因为它们是希腊人最早的武器。在希腊人看来，这种武器既是神的象征，又是拥有灵异功能之物。

在希腊神话中，经常会有双面斧出现。在《伊利昂纪》中，希腊人到达特洛伊后的第二天，彭忒西勒亚右手握着的就是一把双面斧，用这把斧子，彭忒西勒亚几乎将前来的希腊人全部消灭。

再后来，又出现了对动物的崇拜，对日月的崇拜，对岩石的崇拜等等。

在希腊人眼中，人的死亡是和某种命运的安排息息相关。因此，其埋葬的地方就和宗教产生了自然而然的联系。在爱琴文化诞生以后，就已经有了冥界的概念。希腊人在那时就已经开始为死者祷告，祈求庇护，并且安排祭司看守。对于有的死者，希腊人会根据不同的情况，可能是他的某些超凡之处，而将其认作是某位神的化身。

对于图腾崇拜而言，在希腊人看来，往往是将神物化的一种想像，如宙斯就曾化作金光与女子结合，化作牡牛来追逐另一个为了躲避他而化作牛形的女神。另一方面，希腊人的图腾崇拜还源于不同神拥有不同力量的原因，尽管他们还是以人的外形出现在希腊人头脑中，但是因其神奇，希腊人便对此崇拜起来。比如鹰被当作圣鸟，是因为这是宙斯的象征；猫头鹰则象征了雅典的保护神雅典娜，赫拉就被称作“牛眼的赫拉”……

狩猎崇拜也是希腊一种最为古老的图腾崇拜。

阿尔忒弥斯是希腊神话中的狩猎女神，她的形象常有一扁角鹿相随。最初，阿尔忒弥斯为地域神，但是后来对她的崇拜，风靡了整个希腊。现在希腊有些地方还会举办一年一度的祭典，祭祀乘鹿车出巡，当众将野兽和家禽一同焚烧，以此献给保佑他们的狩猎女神。

除了以上所说，古代希腊人对于一些地域性或者分别掌管自然界不同力量的神也经常祭拜，祭拜的对象多为一些水神和山林之神。

十分重视农业的希腊人对于丰饶之神倍加尊崇。最著名的要数每年九月在埃莱夫西斯举行的神秘仪式。这种仪式一般是九天，希腊人在仪式中表演得墨忒尔痛失爱女，以及寻找女儿，最后和女儿分别置身于阳阴两界的故事。

猫头鹰象征了雅典的保护神雅典娜。

尽管一个民族的图腾崇拜与宗教崇拜有着不可分割的联系，但是两者还是有本质的区别。即崇拜的对象不同：图腾崇拜的是大自然之力，而宗教崇拜的是非自然的或者说是超自然的力。希腊人最初的图腾崇拜也许是源于对大自然的恐惧，也许是对神秘的生育繁殖现象的无知，亦或者是对大自然某种现象的依赖……但这一切都随着时间的流逝而产生了变化，当人类逐渐了解大自然，对自身的生育繁殖也有一定认知，自然现象不再是神秘而不可知后，原始的图腾崇拜便开始向宗教神祇崇拜转化了。

奥林匹斯神中最古老的地神盖娅是大地之母，她诞生于卡俄斯（混沌），她独自生了天神乌兰诺斯，之后和乌兰诺斯生了十二提坦诸神，这个过程正体现出希腊人对自然的认知过程。最初，古代希腊人认为自己是诞生于自然之中，之后逐渐明了了繁殖这一现象，神之间的繁衍也不再是生于“混沌”，或者是单性繁殖。在由图腾崇拜向神崇拜演变的过程中，神的人格是被希腊人所认可的。他们不仅和人一样会喜怒哀乐，一样会嫉妒、报复、贪图荣誉、多情好色……而且神还可以和人类互相爱慕，甚至生下孩子，这样的孩子被赋予超乎凡人的能力，需要完成更加艰巨的任务，这也就是希腊神话中的被崇拜的英雄。

二、著名的神庙与神殿

1. 雅典卫城

在希腊人的生活中，祭祀神祇尤为重要，因此祭祀用的神庙与神殿遍布于希腊境内，有些至今仍可寻其踪迹。雅典卫城便是希腊留给后世的珍贵遗产，雅典卫城是雅典民主的象征，由于处于高地势的原因，雅典人从城市的任何地方都可以看到。卫城以它著名的神庙建筑而被世人所向往。该城由著名的帕提农神庙、厄瑞克提翁神庙、雅典娜胜利神庙和卫城山门等建筑组成。

雅典卫城是供奉女神雅典娜的神殿，始建于公元前5世纪，之前是雅典奴隶主的城堡，到了奴隶制民主政治时期，被改为宗教活动的中心，是希腊人祭祀神祇的地方。雅典卫城的建筑是希腊建筑艺术的巅峰之作，是古代希腊人民族精神与审美理想的完美体现。

雅典卫城位于雅典城西南部的一个高150米，长300米，宽130米的小山顶上。在一个小小的山岗顶上的建筑，缘何吸引着古今世人驻足感慨？其建筑对地形的利用之精妙是其最显著的特点，整个山岗就是它天然的基座，不仅如此，整个建筑的局部也是根据山岗的起伏来构造，巧妙地统一成一个整体。

卫城山门修建于公元前437至公元前431年，由尼西克利斯设计。整个建筑选用的材料是大理石，山门两翼向外突出伸展，似乎在表示对朝圣的希腊人的欢迎。希腊建筑强调圆柱和楣，以及建筑物的外边使用和形态。两旁的廊柱呈不对称排开，中间的门廊宽大，通往卫城的内部。由于1640年山门遭受雷击，受到了严重的破坏。但是在复原图中我们仍然可以感受到其宏伟的气势，长长的阶梯传达了它所具有的神圣之感。

威严肃穆的帕提农神庙又称万神殿，是供奉雅典娜女神的主神庙，被称为是建筑史上最完美的多利亚式庙宇。帕提农神庙位于卫城最高点，体积最大，造型庄重。建于公元前5世纪中叶，总共用了11年的时间修建而成，属于希腊建筑中的多利亚柱式建筑，多利亚柱式建筑为希腊古典柱式建筑中的一种。

古典柱式建筑为希腊建筑固定模式，最基本的有三种。第一种是多利亚式。这种风格朴素的柱式流行于公元前七世纪初。其建筑特点是无柱基，柱身粗壮，向上逐渐缩小，刻有凹槽，槽之间为棱角，在阳光的照射下，柱身因此产生起伏转换的建筑艺术效果。第二种是爱奥尼亚式。这种风格优美典雅的柱式流行于公元前七世纪后半叶，其建筑特点是有柱基，柱身细长，上下变化不是很明显，凹槽较深，槽之间无棱角。第三种是科林斯式。这种风格受东方艺术影响很大的柱式流行于公元前四世纪末，由爱奥尼亚式演变而来，柱身十分细长，装饰十分华丽。这种柱式充分显示出王者的尊严和奢华。

主持帕提农神庙修建的是政治家伯里克利，雕刻家菲狄亚斯负责监督，建筑师伊克蒂诺斯与卡利克拉特则负责承建。神庙选用的材质是白色大理石，神庙外部呈长方形，庙内设有前殿、正殿和后殿。神庙底部有三层基座。基座上46根圆柱围绕着带墙的长方形内殿，柱廊东西两面各有8根柱，南北各有17根。圆柱高10.44米，基座直径1.9米。

每根圆柱上都有10～12块刻有20道竖直浅槽的大理石交叠而成，每根圆柱上还刻有奇珍异兽的装饰雕塑。神庙东边的门廊通往内殿，原来殿内供奉着菲迪亚斯用黄金和象牙制作的雅典娜神像，后来由于把神庙改建成基督教堂神像被移

雅典卫城位于雅典城西南部的一个小山顶上，其建筑对地形的利用之精妙是其最显著的特点。

帕提农神庙遗址。

去。公元5世纪东罗马帝国皇帝搬走神像，后失踪，至今仍是世界艺术界一大憾事。1458年，土耳其人占领雅典，神庙被改为清真寺。

1687年，威尼斯人与土耳其人的战争中，神庙的一个火药库被炮火击中，神庙的中部遭到破坏。1801～1803年，英国的埃尔金勋爵搬走了神庙中存留的大部分雕刻。现在仍有很多被陈列在大不列颠博物馆、卢浮宫和哥本哈根等地。19世纪下半叶，经过匠人的修复，神庙变成了我们现在所能看到的石柱林。帕提农神庙被称为“希腊国宝”，是希腊全盛时期最有代表性的建筑和雕刻，也是人类文化艺术的瑰宝。

始建于公元前449年至公元前421年的雅典娜胜利神庙，采用的是爱奥尼亚柱式，是雅典卫城最早的爱奥尼亚建筑。由居住在雅典的多利亚人和爱奥尼亚人共同创造的。胜利女神是智慧女神雅典娜和天神之父宙斯的象征，手持棕榈枝或花环在战争胜利者或者比赛胜利者的头顶飞翔。

厄瑞克提翁神庙，女神柱廊极具特色。

帕提农神庙的北面便是以精致和完美而著称的厄瑞克提翁神庙。与帕提农神庙相比，厄瑞克提翁神庙体现了希腊建筑逐渐复杂华丽的过程。如果说帕提农神庙是一位威严的男性，厄瑞克提翁神庙则是一个婀娜的女子，其女神柱廊就像是女子身上的缀饰，令人赞叹。

厄瑞克提翁神庙名称的来源说法不一，有的说是为了纪念英雄厄瑞克苏尼阿斯，有的说是为了纪念雅典王厄瑞克西阿斯。厄瑞克提翁神庙是一座爱奥尼亚式的建筑，建于公元前421至公元前405年，是重建卫城山计划中最后完成的重要建筑，由培里克里斯制订。柱廊由6根爱奥尼亚柱式的女神形象的圆柱作为承重柱，支撑门廊，这在古典建筑中是极为罕见的。这座神庙中的雅典娜神像是所有雅典娜雕像的蓝本，但是由于征战的破坏，和很多神庙内的其他文物一起遭到毁坏。

2. 阿波罗神庙

德尔斐是希腊时期闻名世界的古城，位于科林斯湾北岸福基斯的帕尔纳苏斯山南麓，得名于居住在这一地区的德尔斐族人。希腊人在这里供奉太阳神阿波罗，希腊人用戏剧、辩论、诗歌朗诵以及举行大型运动会来纪念太阳神阿波罗。每次举行祭奠仪式时，希腊人都要用一头山羊作为祭品献给阿波罗，然后再用清澈的泉水洗净自己，才能举行各种祭奠仪式。

阿波罗神庙建于公元前7世纪，在德尔斐圣地的中心，神庙呈方形，由石料精制而成。大门在神庙的东南面，一条“之”字形的“圣路”通向神庙的内部。“圣路”两旁有许多“礼物库”、祭坛、柱廊、纪念碑等建筑。在各个“礼物库”中，保存着许多精美的雕刻，其中以战车御者的铜像雕刻最为珍贵，是早期古典雕刻的举世杰作。罗马统治时期，将军苏拉征用了阿波罗神庙内的文物，基督教广泛传播以后，阿波罗神庙随着时间的流逝而最终沦为废墟。

阿波罗神庙的所在地德尔斐古城在希腊人心中占据着崇高的地位，他们认为，世界的中心就在这里。在阿波罗神庙中摆放着一个卵形的石头，这是当地最古老的崇拜物，关于它还有一个古老的神话故事：相传天神宙斯为了确定世界的中心，从地球的南北极同时放出两只神鹰，让他们相向而飞，将它们的相会之处——“奥姆法洛斯”确定为世界的中心。这块卵形石头也是德尔斐神谕的起源，神谕是希腊的一种宗教崇拜活动，由通灵的女祭司代神传谕，解答朝圣者的问题。传布神谕的女祭司被称为“皮西亚”。

阿波罗神庙遗址。

女祭司在传布神谕时要举行仪式，在阿波罗神庙内，女祭司坐在一只设在深坑上面的三脚架上，从圣泉掬饮圣水，口含月桂树叶，手摇月桂树枝，从深坑内上升的气体逐渐使女祭司获得与神的交流。她会发出一些断断续续、含义不清的话语，这些话语由僧侣记录下来，即称神谕。在希腊，有很多神庙内都能够发布神谕，而德尔斐的阿波罗神谕最为希腊人所崇拜。自公元前7世纪到公元前4世纪的漫长时间内，德尔斐阿波罗神谕不仅对希腊人的个人祸福做出“神的指示”，还对城邦的保卫、是否进行战争等重大问题做出决定。由于阿波罗神谕的闻名，德尔斐成为了希腊人朝圣的名城，有许多朝圣之人树立的记载着各种神谕的纪念碑，后来德尔斐又成为希腊文化与艺术的中心。

3. 宙斯神殿

宙斯神殿位于希腊雅典卫城东南面，与阿尔忒弥斯神殿遥遥相望，是奥林匹克运动会的发源地。在遥远的希腊时期，宙斯神殿的所在地是一处广阔的平地，四周环绕着茂密的浓荫和清澈的溪水，景致十分幽静。此地原在雅典城墙外，后由于雅典城扩大规模，将城墙往外扩展，才把宙斯神殿纳入城内。

宙斯神殿是希腊的宗教中心，建于公元前470年至公元前456年，属多利亚式建筑。神殿的殿顶是用坚固的大理石兴建而成的，其他部分则是用表面铺上灰泥的石灰岩建成，神殿共由三十四根高17米的科林斯式支柱支撑。神殿前后的石像都是用派洛斯岛的大理石雕成，呈现出高雅的古雅典风格。远远观望宙斯神殿，会感到一种恢宏之气扑面而来。

宙斯神殿内的宙斯神像虽然历经岁月的沧桑，但依然是现存世界上最大的室内雕像。整座神像的表面都由黄金铺成，由此可见希腊人对宙斯的敬畏。宙斯神像的宝座是以狮身人面像、胜利女神及其他神话人物作装饰，不包括宝座，仅宙斯神像就相当于现在的四层楼高，使坐在宝座上宙斯头部差不多与神殿顶齐高，如此巨大的雕像耗尽了人力物力，前前后后历时八年之久才完成。

他的创作者是雅典雕塑家斐狄亚斯，他根据《伊利昂纪》中的描写塑造了这尊雕像，他先用木头做成宙斯的躯干，然后将黄金和象牙铺满整个雕像。宙斯的左手拿着象征着最高权力的权杖，权杖上有着一只鹰，右手将胜利女神尼克托在胸前。这尊宙斯像，不仅表现了宙斯的权威，同时极力传达着宙斯的仁慈与安详，他是赐予人间幸福和快乐的象征。整座神像无论是从宗教崇拜角度，还是艺术创作角度而言，都淋漓尽致地表现出宙斯作为众神之父的庄严和

宙斯神殿遗址。

权威之势。

据说，作者斐狄亚斯在完成雕像之时曾诚心向上苍询问是否对他的作品满意。这时天空正中劈下一道闪电，因为宙斯以神的身份出现的时候总是与闪电相伴，在闪电中走来的，所以这次闪电的突然闪下也就可以理解为天神宙斯非常满意了。而这尊斐狄亚斯的宙斯像也被列为古代的七大奇迹之一。在宙斯的崇拜者中，每个人都以见一眼这尊雕像为一生的荣幸。遗憾的是，这尊雕像没有保存下来，而且也没有任何仿制品。

宙斯神殿于公元5年被一场突如其来的大火所烧毁，宙斯神像虽然因被运到君士坦丁堡而躲过这场大火，但最终还是于公元462年被大火所烧毁，这不能不说是希腊留给后世的一个巨大的遗憾。

4. 阿尔忒弥斯神殿

阿尔忒弥斯神殿位于希腊爱菲索斯古城中，始建于公元前550年，是以爱奥尼亚柱式大理石柱支撑的宏伟建筑，在当时的希腊，阿尔忒弥斯神殿是首座全部由大理石建成的最大的神殿，神殿的各种装饰，无论大小，均由当时著名的艺术家以金、银、铜以及象牙雕刻而成。神殿中央的祭坛摆放着威严的阿尔忒弥斯女神雕像。

阿尔忒弥斯女神的大理石雕像。

阿尔忒弥斯神是希腊神话中的狩猎女神，在希腊深受敬仰。阿尔忒弥斯神不仅广泛受到希腊人的崇拜，就是在古埃及乃至罗马，阿尔忒弥斯神都有着广泛的影响力。古埃及人称她为依西斯，罗马人则称她为戴安娜。

阿尔忒弥斯神殿最令人叹为观止的是神殿内部有两排，共106根立柱，每根大约12～18米高。令人遗憾的是，这座世间罕见的神殿不幸毁于公元前356年的一场大火，其后的重建工作历时多年，建成后的大理石石柱长度增至21.7米，并且多了十三级阶梯围绕在旁边。重建后的阿尔忒弥斯神殿更加宏伟，在当时的希腊，很多人不远千里来这里膜拜阿尔忒弥斯神。在历史的时光中，阿尔忒弥斯神殿前前后后共经历过七次重建，最后，由于爱菲索斯人转信基督教，神殿在公元401年被彻底摧毁。

5. 罗马万神庙

罗马万神庙又称潘提翁神庙，重建于公元120年。一如“万神庙”的名字一样，这座神庙是作为祭祀众神的神庙，罗马人在宗教上深受希腊人的影响，希腊人信奉的是多神教，每一个神都有它自己的神庙。罗马人深受多神教的影响，于是将诸神集中起来祭祀，即在一座神庙内，设多个圣殿。因供神的神殿较多，所以整体建筑呈圆环形，空间十分宏大。整体建筑由门廊和神殿两大部分组成，门廊由两排科林斯式的柱子支撑，神殿则呈巨大的圆形。

罗马万神庙突出的建筑特点是充分利用拱券结构，这种建筑结构最初来自于伊特鲁里亚人的建筑，罗马人开创性地将希腊的柱式结构与拱券结构巧妙地融为一体，创造出世界建筑史上独一无二的神庙建筑。

罗马万神庙是世界上最大的圆顶建筑之一，其神庙穹顶直径达到令人惊讶的43米之多。在世界建筑史上，如此规模的穹顶一般需要一些支撑物才能建成，但罗马人运用他们杰出的智慧与创造力，建造了如此规模的穹顶，却没有使用任何支撑物。如此大胆的处理空间建筑结构，在世界建筑史上都是独一无二的。

这种富有创造性的建筑结构，对于其后的欧洲各国的宗教建筑有着深远的影响。

罗马万神庙的巨大穹顶在世界建筑史上是独一无二的。

三、众神雕像的艺术之美

对于希腊人而言，他们不仅用杰出智慧与创造力给后世留下了令人叹为观止的神庙与神殿，更是留下了众多的各种神的雕像，从这些雕像身上，可以一窥希腊人登峰造极的雕刻艺术，由于希腊人雕刻艺术的深远影响力，后世众多的雕刻家也是纷纷以希腊神话中的众神为创作素材，雕刻出各种各样的众神雕像，但都很难与希腊的雕刻艺术相媲美。现在，这些以希腊众神为创作对象的雕像珍藏于世界各大博物馆，成为全人类珍贵的文化遗产。

众神之父宙斯头像。

宙斯作为众神之父，拥有数量相当多的神庙，在神庙中，自然不可缺少他的雕像、壁画。在诸多的宙斯雕像中，一般都把他表现为一位和蔼的众神之父，他对世界充满了慈爱，刚毅自信地坐在奥林匹斯山上，满意地看着世间的每一个人。

在宙斯神殿中，拥有着全世界最著名的宙斯雕像，但遗憾的是这尊雕像并没有传于后世。宙斯神殿内的宙斯雕像诞生于公元前400多年以前，而其后的雕刻家们则更想在这样一尊优秀的作品基础上寻找对宙斯思想和精神的表达，寻找自己作品的突破口。于是出现了在意大利发现的梵蒂冈的大理石宙斯像，这尊雕像用刚毅的线条表现出宙斯的刚强和自信。另外，值得一提的是梵蒂冈博物馆内的一尊宙斯的坐式雕像，它的形象表达和宙斯神殿内的宙斯雕像的形象表达有所不同，这尊雕像也是手握权杖，但是比前者更加有力、更加坚定，突出显示了宙斯威严的一面。

众神之母赫拉的外貌在雕刻家的脑海中是拥有略微突起的下颚，微微撅起的嘴角，以及丰满的额头和笔直的鼻梁，这些都象征着赫拉不轻易妥协的性格特征。

那不勒斯博物馆中的赫拉头像是赫拉最著名的雕像作品，这尊雕像线条颇为简单，赫拉集美貌和威严于一身，她面露慈祥，两鬓弯曲的卷发伏贴地被拢到头后。头像左右对称，体现了一种和谐之美。

伦敦大英博物馆内的赫拉头像更加庄严和高贵。这尊雕像，无论是眼窝、鼻子，还是嘴唇，线条都更加柔和，卷曲的头发梳得精致美丽。一种优雅与严肃和谐统一在一起，歌德曾称赞这尊雕像为“荷马的史诗”。

但是这两尊雕像却一直存在着这样的质疑，这两尊雕像是否一定是众神之母赫拉，还是别的奥林匹斯女神，比如狩猎女神阿尔忒弥斯或者爱与美的女神阿芙罗狄忒。

梵蒂冈的赫拉雕像，比普通人的身高略高。这尊雕像不仅刻画了赫拉的面部表情，同时在赫拉的衣服——长袍的雕刻上也颇费心思。长袍上刻着精细的褶皱，在赫拉直立的身体上松弛自由的堆起，流畅的纹理显现着赫拉丰满的身体。还有一尊现存于维也纳艺术研究院的赫拉的雕像作品比它还要出色，可惜却是一尊无头、无手、无腿的躯干雕像。

卢浮宫中著名的阿芙罗狄忒雕像。

从古至今，雅典娜在希腊众神中，一直都是艺术家最喜欢描绘刻画的对象之一。在还没有青铜雕刻和石雕时期，雅典娜的形象就已经以木雕出现在艺术家的作品当中。

爱与美女神阿芙罗狄忒雕像。

作为象征着正义的战争、和平、智慧的女神，雅典娜拥有庄严的表情，紧闭的嘴唇，坚毅果敢微微前突的下巴和透露着力量与威严的眼神。雅典娜的雕像多为站立的姿态，总是手持长矛，身穿长袍，显示了希腊人想要在雅典娜的保佑和庇护之下过上平安幸福日子的美好愿望。

被誉为“雅典王冠”的雅典卫城在菲狄亚斯领导下创作的帕提农神殿的雕塑作品显示了希腊雕刻艺术的高超技巧，是希腊雕刻艺术的辉煌成就。殿内的雅典娜雕像多用黄金和象牙等名贵材料雕刻，身体裸露的部分用象牙雕刻，眼睛则是名贵的宝石，其余部分则都是黄金刻成。作品的体积巨大，高有12米，当时被奉为最尊贵的神像。但是在民族大迁徙中，这尊雕像被毁，现在我们只能通过一些小型的临摹品上看到它最初形象的粗略版。

雕像中的雅典娜笔直的站立着，她身着长袍，头戴装饰，她右手向前托起女战神，左手垂放在靠在左边身子上的盾牌上。盾牌的里侧我们可以看到刻有巨人之战的场面，而外侧则是亚马逊族战斗场面的女战士。长矛靠在雅典娜的肩上，被盾牌的蛇缠绕固定。

在帕提农神殿里，东面的墙上还刻有雅典娜诞生的故事。传说中雅典娜是宙斯劈开自己的脑袋生出的。根据法国画家J · 卡莱1674年摹绘的图样推断，图中

太阳神阿波罗的雕像。

央部位的人物应该是宙斯、雅典娜和胜利女神。旁边分别是神的使者宣布雅典娜的诞生和其他神守候雅典娜诞生的描绘。西面的墙上雕刻了海神波塞冬和雅典娜争做雅典保护神的故事，但是这面墙的雕像毁坏的极为严重，所有的雕像都已经残缺不全。

同为菲狄亚斯或者是菲狄亚斯学派作品的雅典娜巨幅铜像雕刻也很著名，这是雅典人民从马拉松战役中带回来的战利品，它被存放于雅典卫城的柱廊与埃列赫塞乌斯神庙之间，是象征着胜利的纪念物。

在早期的雅典娜雕塑中，菲狄亚斯几乎影响到了每一个作品，随着时间的推移，雅典娜的样子也在慢慢的改变。在新的雅典娜雕像中，最出色的要数慕尼黑展览馆的阿尔巴尼的雅典娜半身像和梵蒂冈博物馆的帕拉斯·吉乌斯蒂尼安尼的雅典娜雕像，以及罗马博物馆中的雅典娜雕像。这时的雅典娜已经由庄严逐渐倾向活泼，但是和菲狄亚斯在帕提农圣殿的雅典娜雕像相比还是大致相似的。

阿波罗在艺术家的眼中，是一个身体壮实、体态健硕、五官端正的青年。在相当一部分作品中，他是裸体的，有时则是身披长袍，拿着弓、箭或者盾牌。现存于慕尼黑雕塑作品展览馆内的阿波罗的雕塑是有关阿波罗的最早雕像，发现在特勒亚，但是由于这一阿波罗雕像的体态特征不是很明显，因此不能断定这就是阿波罗的雕像。

阿提卡学派的两位艺术大师斯克帕斯和普拉西特勒斯曾创作了大量的阿波罗雕塑。斯克帕斯的主要作品之一是一尊被罗马皇帝奥古斯都收藏的阿波罗的大理石雕像，作品中的阿波罗是皮提亚竞技会上的齐特拉琴演奏者，他身着一件一直披到脚背的长袍。因为在奥古斯都皇帝看来，他在阿克济乌姆的胜利是拜阿波罗所赐，因此他不惜重金，买下了这尊雕塑，把它放在帕拉丁神庙里以供膜拜。

在阿波罗雕像的复制品中，梵蒂冈的一尊雕像比较出名，这个阿波罗头戴月桂花环，一种从天而降的圣洁配上他胸前的齐特拉琴，仿佛可以聆听到这位神的动听歌声。阿波罗的著名雕塑还有很多：卡皮托尔博物馆的阿波罗在休息思考时的雕像；普拉西特勒斯的瞄准蜥蜴的阿波罗的雕像。

尽管有很多阿波罗的雕像，但是最著名的是梵蒂冈贝尔维德雷的作品，但这尊雕像没有能完好的保存下来，补修情况也存在着不同的见解。但是据推断，原作品最可能的是阿波罗一手拿着盾牌，另一只手握着弓箭，这是一幅胜利者的神态，他的面部表情充满了骄傲和自信，其表现手法非其他作品所能相比。

阿尔忒弥斯也是艺术家们喜爱创作的神之一，在艺术家眼中，阿尔忒弥斯是一位年轻、苗条、纯洁的少女。阿尔忒弥斯是狩猎女神，有时候也是月亮女神，她总是在树林里穿梭，所以不像赫拉和雅典娜的雕像那样经常是直身站立，阿尔忒弥斯总是以动姿出现在艺术家的作品当中，又因阿尔忒弥斯总是在树林里追逐野兽，因此她的身上经常配有弓箭和箭筒。

在阿尔忒弥斯的着装上，也根据她既是月亮女神又是狩猎女神这两种不同的

水域之神波塞冬的雕像。

身份，分为两种不同的穿着：一种是身穿褶皱衣服，可以衬托出其月亮女神柔美心灵的雕像；另一种则是她在追逐野兽时的神武形象。

阿尔忒弥斯的雕像中比较有名的是现存于那不勒斯博物馆的上古时期的阿尔忒弥斯。这尊雕像中，她身着宽松的长袍，袍子下边缘覆盖到了脚面上，裙摆的褶皱均匀的分布着，她的表情从容自若，尖尖的下巴透露出她坚强、甚至有些执拗的性格。凡尔赛宫的阿尔忒弥斯和巴黎卢浮宫收藏的加比城的阿尔忒弥斯也非常著名。

阿瑞斯作为希腊的战神，其形象被设定为好战、鲁莽、野蛮的化身，但是在艺术家的眼中，却表现了他平和的一面。阿瑞斯经常带着有野兽图案装点的头盔，一手持盾、一手拿矛。

作为掌管美貌与爱情的女神，阿芙罗狄忒备受艺术家们喜爱。艺术家眼中的阿芙罗狄忒拥有美丽的外表和苗条的身材，她的面部表情平静而又多情。关于阿芙罗狄忒的作品，艺术价值最高的要数米洛斯的阿芙罗狄忒。她的下身被轻柔的薄纱覆盖，半裸的上身显现出诱人的胴体。她的头微微右倾，脸蛋呈椭圆形，微闭的嘴唇中透露出心底的自信。但由于手臂被毁，所以现在也无从推知作者是如何塑造这尊几乎完美作品的手臂。

普拉西特勒的阿芙罗狄忒是完全裸露的形象，这是所有雕刻作品甚至是民间艺术品中第一个正式以全裸形态出现的雕刻作品，也是关于阿芙罗狄忒的雕塑的一个转折点，从那以后，阿芙罗狄忒的雕像多为全裸或半裸状态，后来其同类型的女神也被以这种方式雕刻。

佛罗伦萨的乌菲齐美术馆收藏的阿芙罗狄忒像也非常著名。这尊阿芙罗狄忒的雕像也是以全裸状态出现，其突出特点是身材线条的柔美。虽然阿芙罗狄忒的塑像多以裸体出现，但是这丝毫没有破坏其女神的尊严与优雅，阿芙罗狄忒诞生于海洋的泡沫中，这也许是对其不着服饰的最好解释，也许只有这样的方式，才能更突出她的形体之美。

赫尔墨斯在希腊神话中身兼数职，有时候他是神界的使者，有时候又是牧民的护佑神，有时候还掌管交通和商业。因此他的形象是多变的，但是他总是有着宽阔的肩膀、匀称的肌肉、和善的表情。早期的赫尔墨斯是留着长胡子的健壮男子，但是后来胡须被去掉了，变成了年轻的赫尔墨斯。

普拉西特勒的赫尔墨斯是所有赫尔墨斯的雕像中最有影响力的，但是他的原形已经被损坏，现在我们所能看到的是雕刻家弗里茨·沙佩尔根据原形的碎片进行填补而成的复制品。年轻的赫尔墨斯左手支撑在木桩上，抱着年幼的狄奥尼索斯，只有赫尔墨斯半个手臂大小的小狄奥尼索斯正挣扎着想要拿赫尔墨斯右手高举的一串葡萄。赫尔墨斯的左手则缠绕着一件长袍，这件长袍极具特色，宽大褶皱轻易便可以看出其良好的质地。

那不勒斯保存的“小憩中的赫尔墨斯”也十分有名。此时他是众神的使者，正坐在一块岩石上，一腿前伸，一腿弯曲，左手臂放松地支撑着身体，是正在享受休息时光的放松神态，他的那对可以飞翔的翅膀则被放在脚背上面。

也许是对美的追求，使得艺术家们对赫淮斯托斯这位奥林匹斯山上最丑的神并不钟情，关于他的雕像也就不多了。也许是为了避开那只跛脚，赫淮斯托斯几乎没有全身雕塑。在他的半身像中，他的形象总是带着鹅蛋形的帽子，下面压着一头卷发，脸上也总是卷曲的络腮胡子。

水域之神波塞冬和宙斯为兄弟，在艺术家的眼中，他们的形象也极为相似。只是波塞冬的头发更加蓬乱，这突出了他暴躁的性格。作为水域之神，它总是拿着一个三叉戟，这是他权力的象征。在帕提农神殿的墙上，留下了最早的波塞冬浮雕，但是毁坏比较严重，描绘的是他与雅典娜争夺雅典保护神的故事。

第四章

希腊罗马诸神谱系

一、原始诸神与提坦诸神

二、奥林匹斯十二主神

三、奥林匹斯其他神

希腊罗马神话是一个庞大而复杂的体系，众神各司其职，掌管着宇宙间的万事万物，从希腊罗马众神诞生时间的先后而言，希腊罗马诸神共分为三代神，即原始诸神、提坦诸神、奥林匹斯诸神。

希腊神话中最古老的神是卡俄斯，即“混沌之神”，随后诞生了大地之母盖娅、爱神埃罗斯、地狱深渊神塔塔罗斯、黑暗之神埃瑞玻斯、黑夜女神尼克斯。黑暗之神埃瑞玻斯与黑夜女神尼克斯结合，生下白昼神赫墨拉、冥河渡神卡隆，除此之外，尼克斯还独自生下死亡之神塔那托斯、毁灭之神克尔、痛苦之神奥尔科斯、睡神修普诺斯、梦神俄尼里伊，以及命运三女神等一大批神。这是希腊神话中的原始诸神，也就是第一批神。

大地之母盖娅则独自生出了天神乌兰诺斯、海神彭托斯，以及众山神。之后盖娅与她的儿子乌兰诺斯结合，生下了十二提坦巨神、独目巨灵和百臂巨灵。十

提坦诸神与奥林匹斯众神之间的战争。

二提坦巨神包括六兄弟奥克阿诺斯、科奥斯、克里奥斯、许佩里翁、伊阿佩托斯、克罗诺斯，以及六姊妹忒提斯、福伯、谟涅摩叙涅、忒娅、忒弥斯和瑞娅。这是希腊神话中的第二批神。

六兄弟与六姊妹互相通婚，又生下了新一代的神，也就是长年居于奥林匹斯山上的诸神。奥林匹斯的十二主神包括：天神宙斯、天后赫拉、海王神波塞冬、冥王神哈得斯、智慧与正义女神雅典娜、太阳神阿波罗、月亮女神阿尔忒弥斯、战神阿瑞斯、爱情女神阿芙罗狄忒、众神使者赫耳墨斯、地火之神赫菲斯托斯、家灶女神赫斯提娅。除了十二主神之外，奥林匹斯众神中还有众多的小神，他们亦分管着各自不同的神职。

尽管希腊罗马神话中共有三代天神，但后世一般熟知的则是奥林匹斯诸神，希腊与罗马的神话区别并不是很大。在主神方面，大都是共同的，只是称呼不同而已。如宙斯在罗马神话中被称为朱庇特，赫拉则被称为朱诺，阿尔忒弥斯被称为狄安娜，阿芙罗狄忒则被称为维纳斯，小爱神厄洛斯则被称为丘比特等等。

一、原始诸神与提坦诸神

1. 大地之母盖娅

盖娅是大地之母，是希腊神话中最古老的神，她自生了天神乌兰诺斯，并和乌兰诺斯结合生了十二提坦诸神、百臂巨灵、独眼巨灵，以及海神、众山神。盖娅对希腊诸神的产生有着至关重要的作用。在希腊神话中，当克罗诺斯战胜乌兰诺斯之后，将助他打败乌兰诺斯的百臂巨灵和独眼巨灵又打回到“塔塔罗斯”中去。这一行为惹怒了盖娅，于是盖娅帮助瑞娅救了克罗诺斯的儿子宙斯。在众神的帮助下，经过十年激战，宙斯取代克罗诺斯成为了第三代天神。但是对于宙斯将提坦诸神关在“塔塔罗斯”的行为，盖娅又感到愤怒，于是她先后生下了魔怪提丰、提福奥斯与宙斯为敌，并怂恿欧律墨冬等国和宙斯抗衡。宙斯将这些魔怪神祇纷纷击败，不仅巩固了自己的王位，而且最终得到了盖娅的关怀。盖娅还是预知未来的先知，她对诸神的提示常常关系到诸神的未来命运，宙斯就是在盖娅的提示下，将墨提斯吞下肚，避免了墨提斯生下的孩子取代他王位的命运。

大地之母盖娅。

2. 地狱深渊神塔塔罗斯

塔塔罗斯代表着希腊神话中的宇宙最底层，其万丈深渊令希腊众神望而生畏。塔塔罗斯距冥界最上层的距离犹如天地之间那么远。如果从天界抛下一件东西，九天之后才能到达地面，而这件东西由地面到达塔塔罗斯，还需要九天。塔塔罗斯的四周为冷冰冰的铜墙，夜神尼克斯居于塔塔罗斯。

3. 黑暗之神埃瑞玻斯

埃瑞玻斯是黑暗的化身，他是黑夜女神尼克斯的兄长，他与尼克斯结合生下了白昼之神赫墨拉。在希腊神话中，人死之后，灵魂必须经过黑暗的考验才能到达冥界，所以埃瑞玻斯被亡灵们所敬重。

4. 黑夜女神尼克斯

尼克斯不仅是黑暗之神埃瑞玻斯的妹妹，同时还是他的妻子。她与埃瑞玻斯结合生下了死亡之神塔纳托斯、毁灭之神克尔、痛苦之神奥尔克斯、睡神许普诺斯、梦神奥涅罗伊，以及命运三女神等众多神。在希腊神话中，尼克斯常常化身为一名身穿黑衣的妇女，她位于塔塔罗斯的居地也是一片黑暗。每当晚星赫斯珀洛斯升起时，她便离开居地，驾驶着战车飞上天空，将黑夜降临人间。

5. 爱神埃罗斯

埃罗斯是希腊神话中最古老的爱神，埃罗斯促成乌兰诺斯与盖娅的结合，并为他们众多的后代主持过婚礼。在希腊神话中，埃罗斯的形象常常是英武的善射者，生有双翼，多才多艺。他拥有两种箭，一种是金箭，可以唤起神或人的情思；一种是铅箭，可以抑制神或人的情思。

6. 天神乌兰诺斯

乌兰诺斯是大地之母盖娅的儿子和丈夫，他与盖娅生下了十二提坦巨神等诸

倒在克罗诺斯镰刀下的乌兰诺斯。

神，但是他的孩子多为面目狰狞的魔怪，在生下百臂巨灵和独眼巨灵之后，孩子们丑陋的面貌连他自己也感到极其厌恶，就将他们塞回盖娅的肚子，令盖娅疼痛难忍，众孩子也对其极端痛恨。愤怒的盖娅命令小儿子克罗诺斯用镰刀将乌兰诺斯阉割，并取代他夺得王位。在克罗诺斯阉割乌兰诺斯时流出的血液中，提坦诸神、复仇女神、爱与美的女神阿芙罗狄忒相继而生。另有一说是，乌兰诺斯被阉割以后，其生殖器被抛入大海，在海水泛起的泡沫中，阿芙罗狄忒从泡沫中诞生。

7. 海神彭托斯

海神彭托斯是天神乌拉诺斯的兄弟。宇宙生成之时，因大地的剧烈运动，于平坦之中生出诸多凹凸，高耸入云的凸起即为“山”，万丈深渊的凹陷即为“海”。主宰“山”的即是山神乌瑞亚；主宰“海”的即为海神彭托斯。当彭托斯与母亲盖娅结合后，生下了代表海的各种属性的诸多神。如代表海之力量的欧律比亚神、海之愤怒的福耳库斯神、海之友善的涅柔斯神、海之危险的克托神等等。彭托斯的妻子是代表海面的女神塔拉萨，她与彭托斯结合后，不仅又生下了众多的海域之神，还生下了海洋中的无数游鱼。

8. 白昼之神赫墨拉

赫墨拉是黑暗之神埃瑞玻斯与黑夜女神尼克斯所生之女，因为黑夜与白昼的对立关系，赫墨拉与母亲尼克斯虽然为母女，又居于同一地方，但两人从不在一起。每当母亲尼克斯将要返回居地时，赫墨拉便离开居地，驾驶着战车飞上天空，将黑夜一点点驱散，让光明降临人间。尼克斯与赫墨拉既为母女，又是对立的关系，但两人相处十分融洽，所以人间才能自然而然地昼夜更替。

9. 水神奥克阿诺斯

奥克阿诺斯是天神乌兰诺斯与大地之母盖娅之子，十二提坦神之一，是环绕大地的瀛水的化身。他与姊妹忒提斯相结合，生三千个可随意变化其形的女儿，又生三千个“河神”的儿子。在提坦诸神与宙斯的十年混战中，奥克阿诺斯并没参与其中，所以奥林匹斯诸神并未与他成为敌人。在提坦诸神中，他是一位善良、忠厚的神，他曾试图调解普罗米修斯与宙斯之间的矛盾，虽然宙斯并没有听从他的意见，但他善良的愿望却为众神所钦佩。

10. 天神克罗诺斯

克罗诺斯是希腊神话中的第二代天神，十二提坦神之一，乌兰诺斯和盖娅之子。他打败了第一代天神——他的父亲乌兰诺斯，并将其阉割，从而夺得了天神的王位。相传在乌兰诺斯和盖娅结合的时候，乌兰诺斯听说自己的孩子中会有一个取代他，成为新一代的天神。为了保住自己的王位，他将孩子们关在“塔塔罗斯”，但是这十二个提坦神中最小的一个——克罗诺斯在母亲盖娅的保护下，竟然长大了，并以强大的力量最终战胜了父亲。克罗诺斯和姐姐瑞娅结合后又生下了一批新的神。成为众神之王的克罗诺斯最终遭遇了和父亲相同的命运，在与自己的孩子们长达十年的战争之后，以失败告终，被宙斯所取代。

11. 太阳神许佩里翁

许佩里翁是十二提坦神之一，是天神乌兰诺斯与大地之母盖娅的一个儿子，是希腊神话中最早的太阳神。许佩里翁其名意为“运行天宇者”、“照耀者”之意，他与姊妹忒娅相结合，生赫利奥斯、埃奥斯、阿芙罗拉等神。

12. 月神福伯

福伯是天神乌兰诺斯与盖娅的一个女儿，十二提坦之一，嫁给其兄长科奥斯为妻，生下黑夜女神勒托和星辰神阿斯忒里娅。据说，她是阿波罗和阿尔忒弥斯的祖母，头上常常戴一顶辉煌的金花冠。

13. 至尊女神瑞娅

瑞娅是十二提坦神之一，是乌兰诺斯和盖娅的一个女儿。他嫁给克罗诺斯后，生下了宙斯等奥林匹斯神。克罗诺斯因为怕自己的孩子取代其成为天神之王，将生下的孩子吞入腹中。瑞娅为了保护刚出生的宙斯，将宙斯放到了成群的牧羊之中，克罗诺斯误以为瑞娅生下的是一匹马驹，于是将一匹马驹吞入肚内。瑞娅帮助宙斯夺得了王位，在后来的奥林匹斯神和提坦诸神的战斗中，她还保护了赫拉。

二、奥林匹斯十二主神

1. 天神宙斯

宙斯是第二代天神克罗诺斯和至尊女神瑞娅最小的儿子，是希腊神话中的第三代天神。相传其父克罗诺斯因惧怕其子之中有人取代他，将生下的儿子一个个吞食，在母亲瑞娅的保护下，宙斯幸免于难并经过漫长的争战最终取代了父亲的王位。宙斯与波塞冬、哈得斯分统天宇、海洋和冥界。作为天庭之首的宙斯，最初拥有掌控生死的大权，当他审判死者的时候，被称为“地下的宙斯”。

瑞娅将包裹着石头的襁褓代替了新生儿宙斯，并交给了克罗诺斯……救下了宙斯。

宙斯的妻子众多、儿女众多，他的妻儿既有天上的神，又有凡间之人，他拥有至高无上的超凡力量，又具备一个普通人的各种性情。与宙斯相关的希腊神话很大一部分都与克里特岛相关，这里是远古希腊时很多部族的故地，关于宙斯的故事也就随着这些部族的不停迁徙而广泛传播到希腊各地。

2. 天后赫拉

赫拉是宙斯的姐姐和妻子，克罗诺斯和瑞娅的长女，掌管生育与婚姻。在很多希腊神话中，赫拉常常被描写成嫉妒成性的女性，对于宙斯的四处留情以及他表示爱慕的女性，她一律采取严厉的惩戒。不仅如此，她还不放过宙斯与她们生下的子女，也不断寻找机会对他们进行惩戒。对于赫拉的所作所为，宙斯也采取了惩罚她的一些手段，他用铁砧将其双脚缚于奥林匹斯山。赫拉为了报复宙斯私自生下了雅典娜，便生下了赫菲斯托斯，可惜赫菲斯托斯是一个奇丑无比的跛子，失望的赫拉将其狠心地扔到了奥林匹斯山下。

赫拉嫉妒宙斯对其他女子的宠爱，也嫉妒其他女子的美貌，为了得到最美丽的女人的称谓，她不惜以权位相让，但终未遂愿。因为美女的仲裁者帕里斯是特洛伊王国的王子，因此赫拉一直怀恨在心，并在特洛伊战争中暗中帮助希腊人，最终使特洛伊陷入了灭亡的命运。

3. 海神波塞冬

波塞冬是克罗诺斯和瑞娅的儿子，与宙斯、哈得斯为兄弟。波塞冬主管海域，三叉戟是他的象征之物，他用三叉戟劈开海水平息海啸。在海上，他拥有至高无上的权力。

波塞冬天生魁梧，生性暴戾，每当他人触犯……就掀起惊涛骇浪，使得海水泛滥，陆地深受水患，这也使得统管冥界的哈得斯心惊胆颤，生怕冥界塌陷。波塞冬经常和奥林匹斯其他诸神产生矛盾，引发战争，他与宙斯、赫拉、雅典娜、阿波罗等都曾对战过，然而每次他都是战争的失败者。在争夺雅典的战争中，波塞冬败给雅典娜后，愤怒的波塞冬用洪水淹没了整个雅典城。因为在战争中他曾经变出过第一匹马，于是他还成了马的保护神。

波塞冬对于他视为敌人的人或神，必将使其付出惨重的代价。奥德修斯因为使他的儿子失明，因而在回乡途中屡遭磨难，尽管有奥林匹斯诸神庇护，还是花费了十年的时间。

波塞冬也曾造福人类，他曾施展他的神力阻止伊诺和他的儿子墨利克尔特跳入海里自尽，并使之成为了海神。他还授予他人呼风唤雨的神力。在海中，他为水手护航，是他们永远的守护神。因为波塞冬是大海之神，所以希腊人对他非常敬畏，临海的百姓对他是更加尊崇，他的神庙多建在大海的沿岸。

4. 冥王哈得斯

哈得斯是冥界的统领者，他和宙斯、波塞冬同是克罗诺斯和瑞娅之子，他们自推翻父亲的统治之后，宙斯统治天宇，波塞冬统治海洋，而哈得斯统治冥界。在希腊神话中，哈得斯的地位不如宙斯和波塞冬，他安静地居住在地下，拥有大量的矿藏，无以计数的珠宝，他慷慨地接纳每一个到访者。

冥王哈得斯。

他的妻子是佩尔塞福涅，佩尔塞福涅原是宙斯与农业女神得墨忒耳的女儿，是哈得斯在巡视大地的时候将其抢去做妻子的。相传得墨忒耳因为失去女儿而伤心欲绝，一心只想寻回女儿，因为他主管人间农业，所以在她的疏忽下，人间陷入了饥饿的困境。此事惊动了宙斯，于是宙斯命令佩尔塞福涅一年之中要有三分之二的时间陪伴母亲，另外三分之一的时间和哈得斯一起管理冥界。另有一说是，佩尔塞福涅被哈得斯掳到地下以后常年居住地下，她得到哈得斯的许可，每年冬天可以返回地上陪伴母亲。也就是在这段时间里，得墨忒耳可以暂时不管理人间农业，全心守着自己心爱的女儿。

5. 智慧女神雅典娜

雅典娜是希腊神话中象征正义的战争女神、智慧女神，同时还是雅典城池的守护神。她不仅赐予了希腊人很多生存的技能，还赐予了希腊人法律，使得希腊人可以在一个更有秩序的制度下生活。在罗马，雅典娜被称为密涅瓦，密涅瓦同时还是音乐、纺织、医药的守护神。

雅典娜的出生颇富传奇色彩，相传宙斯听说他与智慧女神墨提斯的孩子将夺走他的王位，于是宙斯将墨提斯吞入腹中，此时墨提斯所怀的婴儿就是雅典娜。此后，雅典娜开始在宙斯的头颅中生长，直到有一天宙斯感觉头痛难忍，于是叫人用金斧劈开了自己的头颅，于是雅典娜诞生了。所以，在希腊神话中，雅典娜常常被视为宙斯所生。

雅典娜集智慧、正义、善良于一身，她生长在宙斯的头颅中，拥有宙斯的思想和意志，加之早期在母亲智慧女神的腹中，受母亲遗传，更是拥有超凡的智慧。雅典娜终身是处女，是三位处女神之一。雅典娜曾与波塞冬争夺雅典的守护权，众神提议，谁能赠与雅典最需要的东西，谁就是雅典的守护神。于是雅典娜以象征着和平的橄榄枝赢得了这场战争。

希腊人对雅典娜的崇拜深远而广泛，希腊人爱戴这位掌管和平与智慧的女神，雅典卫城的帕提农神庙是希腊人为了祭祀她而修筑的，并且制定了雅典娜节来祭奉这位神。

从宙斯头颅中生出来的雅典娜女神。

6. 太阳神阿波罗

阿波罗是宙斯与勒托的儿子，阿尔忒弥斯的兄弟。阿波罗这一形象集中了人性中的优缺点，既有光明的一面又有黑暗的一面。他是人世间的太阳神，但他同时又是一个脾气暴躁的神，他暴躁的性格有时会毫无缘由的给神或人带来灾祸。月桂树是阿波罗的圣物。

阿波罗在幼年时期就显示出了超凡的本领，并在特洛伊战争中帮助特洛伊人守卫城池。他不仅帮助赫克托耳杀死帕特洛科洛斯，还帮助帕里斯杀死了阿喀琉斯。阿波罗曾经制止人间瘟疫的蔓延，帮助人类战胜疾病，是人类健康的保护神。他还是个可以预言未来的神，能够预知未来的本领使他获得了先知的美名。阿波罗同时还是畜牧业的保护神。

在希腊，阿波罗是令人敬畏的神，希腊各地纷纷铸造神殿以供奉他，尤其是在特洛伊地区。随着希腊文化传入罗马，阿波罗也受到了罗马人民的深爱，其国王还视阿波罗为其庇护神。

7. 狩猎女神阿尔忒弥斯

阿尔忒弥斯是宙斯与勒托之女，阿波罗的妹妹。阿尔忒弥斯和阿波罗出生的时候，由于赫拉嫉妒宙斯与勒托之间

太阳神阿波罗。

战神阿瑞斯。

的情感，使得勒托不能踏上陆地一步，因此，他们出生在一个漂浮的小岛——提洛岛上。

阿尔忒弥斯是三处女神之一，是女性纯洁的化身，对无视爱情的人极为庇佑。相传因宙斯使得宁芙女神失贞，阿尔忒弥斯一怒之下将其变为一只牝熊。阿尔忒弥斯还是狩猎女神，她经常出现在茂密的森林里，以狩猎为乐。她性格暴虐，在特洛伊战争期间曾因希腊联军的首领阿伽门农杀死了她的圣鹿而愤怒不已，狂卷海风，令希腊联军无法出航，并要求用阿伽门农的女儿祭祀。在特洛伊战争中，她和阿波罗一起多次帮助特洛伊人守卫城池。因为阿尔忒弥斯是狩猎之神，因此格外受希腊人的崇敬，她的庙宇是希腊众神之中最多的一个。

8. 战神阿瑞斯

阿瑞斯是战神，是宙斯和赫拉的儿子。他生性残暴，对战争的掌控作用不同于雅典娜，雅典娜是正义战争的化身，而阿瑞斯暴虐成性，喜欢屠戮。有他出现的地方同时伴随着杀戮与血腥。火炬、长矛、猎鹰和猎犬为他的象征物。

阿瑞斯虽然体格硕大威猛，天生好战，但一生却以败战居多。因其好战，奥林匹斯山上的神都对其极端厌恶，宙斯也愤怒的称其不是自己的儿子。雅典娜、狄奥墨得斯都曾使其战败，在阿瑞斯出现的战争中，奥林匹斯山上的神往往会出手相助其对手，宙斯称其为“神之最可憎者”。

阿瑞斯风流一生，情人与子女众多，他曾钟情于貌美无比的爱情女神阿芙罗狄忒。在罗马神话中，阿瑞斯被称为玛尔斯，这一称呼广为流传，拉丁语中的“星期二”和“火星”都是源于“玛尔斯”这个名字。

9. 美神阿芙罗狄忒

在希腊神话中，阿芙罗狄忒是爱情女神、美神，同时还是丰产女神、航海的庇佑神。关于阿芙罗狄忒的出生有几种说法，有的说她是宙斯和狄奥涅的女儿，有的说她是天神乌兰诺斯阉割以后血液流到海里，泛起层层泡沫，阿芙罗狄忒就诞生于这泡沫中。阿芙罗狄忒之意即为“生于海水的泡沫”。

阿芙罗狄忒常年居于百花之中，有圣鸟为其拉车，身边有美惠女神、季节女神和小爱神厄洛斯相伴。阿芙罗狄忒赐予人类美貌与爱情，无论是谁，只要得到她的腰带，便能获得希望得到的爱情。相传赫拉得到宙斯的宠爱就是因为系上了这条腰带。

关于阿芙罗狄忒最著名的传说就是“帕里斯裁决”，在佩琉斯和忒提斯的婚礼上，各自以最美丽女人自居的赫拉、雅典娜、阿芙罗狄忒为了争夺象征最美者的金苹果，纷纷诱惑仲裁者——特洛伊王子帕里斯。最后，阿芙罗狄忒以美女海伦为交换条件夺得了金苹果，并因而夺走了希腊国王的妻子海伦，引发了特洛伊战争。拉丁语中的“金星”一词就是来源于阿芙罗狄忒的罗马名字：维纳斯。

美神阿芙罗狄忒的诞生。

10. 众神使者赫耳墨斯

赫耳墨斯是宙斯与擎天神阿特拉斯的女儿美雅所生。相传他降生于凌晨，到了中午便可以行走，当他走到一个洞口时，发现洞里有一只乌龟，于是将乌龟杀死，并用它的龟壳做了一把竖琴，这也是世上的第一把竖琴。缘于这把竖琴，使得赫耳墨斯和善弹金树琴的阿波罗成为了密友，并从阿波罗那里习得了预言之术。但是与阿波罗不同的是，赫耳墨斯以狡诈著称，是诈骗之人的庇护神。他的后代之一——奥德修斯的骗术便是对他的继承。

赫耳墨斯是众神之间的使者，他行走于人间、天庭和冥界。在众神之间，赫耳墨斯扮演着传令者的角色，因此他是世间所有使者的保护神。赫耳墨斯拥有一只带有翅膀的金鞋和金杖，这支金杖的魔力可以使赫耳墨斯把亡灵引入到冥界。

赫耳墨斯钟情于美貌绝伦的阿芙罗狄忒，但是颇受冷落。宙斯念其思念之苦，故意在阿芙罗狄特在河中洗澡的时候偷走了她的一只金鞋，赫耳墨斯于之后将鞋子归还，从而得到了阿芙罗狄忒的好感。

11. 火神赫菲斯托斯

在希腊神话中，赫菲斯托斯是火神和工匠神。他曾用铁水禁锢提坦之神弥玛斯，曾锻造了捆绑普罗米修斯的锁链，还曾为赫拉建造宫殿……尽管他相貌丑陋，但他却与美丽与青春的化身——阿芙罗狄忒结为了夫妇，还有一说是赫菲斯托斯和美惠三女神结为夫妻。

赫菲斯托斯在建筑神殿和打造兵器方面尤其擅长，作为火神，他把火山作为终身打造兵器的铁匠炉。西方的“火山”一词就是来源于他的罗马名字。赫菲斯托斯曾两次被抛下奥林匹斯山，一次是在其刚出生时，母亲赫拉嫌他丑陋的相貌，将他抛下。另一次是在宙斯与赫拉的争吵之中，赫菲斯托斯总是偏袒母亲，因此惹怒了宙斯，宙斯暴怒之下将其再次抛下奥林匹斯山。这一次赫菲斯托斯险些丧命，多亏了莱姆诺斯岛的居民悉心照料，他才脱离了危险，康复以后的赫菲斯托斯以高超的锻造技术赠与岛上的居民。

12. 家灶女神赫斯提娅

赫斯提娅是克罗诺斯与瑞娅的女儿，是三处女神之一，波塞冬和阿波罗都曾向她求婚，但是赫斯提娅都未应允。在希腊神话中，纯洁的赫斯提娅是家灶女神，火对于古希腊人有着非同寻常的意义，在他们看来，生火不仅用于煮饭，一家之中生火的地方往往是家庭用于祭祀神的地方。相传，在神界、人间，有一种永不熄灭的火，赫斯提娅就被视为这种火的守护神。在希腊，赫斯提娅没有单独的神庙，但是在每位神的庙中，都有赫斯提娅的位置，而位置上有常年不熄灭的火，这火的燃烧与熄灭被视为一个国家繁荣或者灾难的预示。希腊人派纯贞的少女守护这火苗，以示希腊人对赫斯提娅的崇拜。

三、奥林匹斯其他神

1. 酒神狄奥尼索斯

狄奥尼索斯是奥林匹斯众神中最幼稚的神，是宙斯同凡人塞墨勒所生，他曾与阿芙罗狄忒生下美惠三女神。相传狄奥尼索斯的母亲怀有狄奥尼索斯以后，曾遭善嫉妒的赫拉所害，骗她要求宙斯以真实身份相见，宙斯本以凡人相貌幽会塞墨勒，百般相劝无效以后，宙斯从闪电中向塞墨勒走来，塞墨勒便置于大火之中，宙斯从烈火中将塞墨勒救出。在希腊神话中，狄奥尼索斯是酒神，同时还是种植之神，他善于种植葡萄，在到处游走的过程中，他将葡萄的种植方法和酿制美酒的技能传播到各地，他给希腊人带来饮酒的欢乐。在希腊，每年都要举行祭典酒神的庆典，庆典之时，希腊人尽情纵酒狂欢，以此来祭祀酒神狄奥尼索斯。

2. 农业女神得墨忒耳

得墨忒耳是克罗诺斯和瑞娅的女儿，宙斯的姐姐，她和宙斯结合生下了后来的冥后佩尔塞福涅。得墨忒耳掌管人间农业，是农业女神，她教给希腊人怎样种

农业女神得墨忒耳。

植小麦、怎样使五谷丰收，使大地充满勃勃生机。得墨忒耳护佑着希腊人过上平安幸福的生活，希腊人对她的崇敬之情日渐提升，几乎赶上了她的母亲瑞娅。关于得墨忒耳的传说，最著名的就是她千里寻女的故事，最后由于宙斯出面，得墨忒耳才能在每年的冬天与女儿相聚。在这段时间里，希腊人都停止了耕种，大地一片沉静。

3. 青春女神赫柏

赫柏是宙斯和赫拉的女儿，她有着永远年轻的相貌。她除了掌管青春之外，还是奥林匹斯山上的斟酒神，后因一次失礼，被英俊的特洛伊王子伽尼墨得取代其位。赫柏嫁与了大英雄赫拉克勒斯。相传赫拉曾经百般刁难赫拉克勒斯，将女儿赫柏嫁给赫拉克勒斯也是两方和解的一种标志。也有相传赫柏嫁给赫拉克勒斯以后，宙斯便在人间找到了伽尼墨得取代其斟酒神的职位。

4. 胜利女神尼克

胜利女神尼克是帕拉斯和斯提克斯的女儿。在奥林匹斯神同提坦诸神的战斗中，她始终站在宙斯这一方，同赫拉克勒斯一同给予宙斯帮助。她有一双大翅膀，体态优美，她所到之处，胜利便随后到来。

5. 牧神潘

潘是希腊神话中的牧神，是赫尔墨斯和德律奥佩的儿子。他的外貌是半人半兽形，头上长有一对山羊角，下半身则是羊身，遍体生毛。据说他的母亲德律奥佩刚生下他的时候，见到他的怪模样被吓得惊骇不已，但是奥林匹斯众神却觉得他的样子很是可爱，都非常喜欢他，为他取名为“潘”，意即“众皆喜欢者”。在放牧的时候，潘喜欢用笛子吹奏出优美的音乐。

6. 小爱神厄洛斯

小爱神厄洛斯是阿芙罗狄忒的儿子，因为阿芙罗狄忒母亲是众所公认的爱神，所以他才被称为小爱神。在希腊神话中，

青春女神赫柏。

胜利女神尼克。

小爱神厄洛斯在罗马神话中被称为丘比特。

缪斯女神。

他的形象一般都是蒙着眼睛的，以此来象征爱情总是盲目的。他常常带着“爱之弓箭”行走于人间或天庭，被他射中的人将会获得美好而强烈的爱情。

7. 缪斯女神

在希腊神话中，缪斯女神共有九位，她们都是宙斯的女儿。最初，她们彼此不分开，后来，在艺术领域里，她们各司其职。乌拉妮娅是天文缪斯，卡拉培是史诗缪斯，克利欧是史学缪斯，梅耳波曙是悲剧缪斯，塔利亚是喜剧缪斯，特普西歌利是舞蹈缪斯，爱拉托是情诗缪斯，波利海妮娅是圣歌缪斯，尤特比是抒情缪斯。

8. 命运三女神

在希腊神话中，主宰人间所有生灵命运的共有三位女神，她们分别是克罗

命运三女神。

托、拉克西斯、阿特洛波斯。这三位女神分管命运的不同组成部分，克罗托纺织生命之线，拉克西斯决定生命之线的长度，阿特洛波斯则拥有切断生命之线的神力。因为她们主管未来的命运，所以希腊人对她们格外敬重。

9. 美惠三女神

美惠三女神为人间带来让诗人赞颂的美丽和让世人陶醉的欢乐，她们彼此不分开，为“善良”、“欢乐”、“青春”之代表。她们分别是光辉女神阿格莱亚、欢乐女神欧芙罗叙涅、激励女神塔利亚。关于她们的出生，一说认为她们是宙斯与

美惠三女神。

爱神阿芙罗狄忒所生；一说认为她们是宙斯与海洋女神欧律诺墨所生。

10. 复仇三女神

复仇三女神是从尤拉诺斯的血液中诞生出来的，她们拥有黑暗的力量，能够不断地进行复仇，直至将复仇对象彻底毁灭，她们总称为厄利尼，三人分别是提希丰、美嘉拉、阿耳克托。她们各自拥有不同的神力，交融在一起时拥有

复仇三女神。

更大的力量。

11. 盗取天火者普罗米修斯

普罗米修斯是天神乌兰诺斯与大地之母盖娅之孙。普罗米修斯是人类的创造者，他用水和泥按照天神的形象塑造成人的外形，并从动物的身上分离出善和恶两种天性，分别注入他捏造的泥人体内。在雅典娜将呼吸赋予已拥有了善恶之分的人类以后，普罗米修斯教给了人类耕种和医病等各种生存技能，于是人类便生生不息地繁衍下去。

还有一种说法是众天神按照自己的形象，用水和泥捏造了人和动物的形象，然后将捏出的这些人和动物交给普罗米修斯和埃庇米修斯，让他们教给这些形象以技能。埃庇米修斯将生存的技能交给了动物，但人类却还是一无所知，于是善良的普罗米修斯将生存技能教予人类，还从赫菲斯托斯和雅典娜那里盗取了火种和智慧。

由于普罗米修斯违背了宙斯的命令，让人间拥有了火和文明，惹怒了宙斯，于是降了一场淹没整个大地的暴雨。人类在这场暴雨中全部灭绝了。但是暴雨停歇以后，普罗米修斯又用水和泥重造人类，狂怒不止的宙斯一怒之下夺走了人类生存所不可缺少的火种。之后，普罗米修斯又从太阳神那里盗取火种。为了惩罚普罗米修斯，宙斯将普罗米修斯钉在高加索山上，恶鹰白天啄食他的肝脏，但千疮百孔的肝脏在夜间又恢复原形，这样的痛苦折磨长达三万年。

在普罗米修斯被解救之前，宙斯因为想要得知命运中将要取代他王位的孩子是谁，曾以释放他为交换条件，想让拥有预知未来能力的普罗米修斯告诉他这一切，但普罗米修斯拒绝了宙斯。直到三万年后，赫拉克勒斯为寻找金苹果来到了这里，普罗米修斯才得以解救。

12. 非凡英雄赫拉克勒斯

赫拉克勒斯是宙斯和阿尔克墨涅的儿子，阿尔克墨涅是凡间女子，她的丈夫安菲特里翁外出征战，宙斯化作其丈夫的模样与其结合，生下了赫拉克勒斯。

赫拉克勒斯出生前，宙斯本想让赫拉克勒斯统治整个迈锡尼及周边诸族。但是在赫拉的诡计下，阿尔克墨涅无法顺利分娩，历经千险诞生后的赫拉克勒斯还得接受懦弱的欧律斯修斯的统治。赫拉克勒斯在还是八个月大的时候就用手掐死了赫拉想要毒死他的两条毒蛇。在他的成长过程中，他的每项技能都飞速增长，但是艺术除外，他甚至杀死了他的艺术老师。等他完全长大成人以后，他进一步显示出他与众不同的力量。他杀死了西泰翁的狮子，拯救了忒拜居民，完成了迈锡尼统治者的十二件苦差：消灭涅墨亚的狮子、杀死怪物许德拉、捉住厄律曼托的野猪、活捉阿尔忒弥斯的梅花鹿、用铜钵的声音吓走怪鸟、打扫3000只牛的牛棚、驯服金牛、制服野马、夺取西波吕特的腰带、夺得牛群、摘取金苹果、生擒恶狗。赫拉克勒斯死后到奥林匹斯山居住，娶了青春女神赫伯为妻，赫伯为赫拉的女儿，因此赫拉和赫拉克勒斯的仇恨也得到了缓解。

13. 恶魔潘多拉

潘多拉是雅典娜与赫菲斯托斯在宙斯的命令下所制造的一个女子。当普罗米修斯盗取天火赐给人类时，暴怒的宙斯为降祸于人间，命赫菲斯托斯用泥土制造一个女子。当这个女子被造好后，众神纷纷赐与她邪恶的能力。雅典娜不仅赋予她生命，还赠送给她美丽的衣服；赫尔墨斯则让她具备了狡诈阴险的心机，并学会了种种骗术；阿芙罗狄忒则让她具备了诱惑人的妩媚。这一女子因而得名潘多拉，意为“众神所赐者”。众神所赐礼品中，有一密封小匣，里面装有种种能够危害人类的邪恶，而“希望”则被藏于匣子的最底层。好奇的潘多拉有一天将此匣打开，于是瞬间，种种邪恶从匣中飞出，感到恐惧的潘多拉急忙关上匣子，却将希望关在了其中。

手持魔盒的恶魔潘多拉。

第五章

希腊罗马神话经典典籍

一、特洛伊战争的宏大史诗：《伊利昂纪》

二、希腊英雄的伟大颂歌：《奥德修斯纪》

三、缔造希腊神话谱系的巨著：《神谱》

一、特洛伊战争的宏大史诗：《伊利昂纪》

《伊利昂纪》和《奥德修斯纪》是希腊文学史上最早期的作品，据传是公元前八世纪，由盲人诗人荷马根据小亚细亚口头流传的史诗编成的，被合称为《荷马史诗》。

《伊利昂纪》是一部充满英雄色彩的史诗，描述的是公元前12世纪，希腊人远征小亚细亚的特洛伊城邦战争的故事。《伊利昂纪》意为“伊利昂之歌”，或“关于伊利昂的故事”。这次战争对于希腊乃至罗马的历史都是一件大事。19世纪，希腊的考古学家挖掘出了古特洛伊城。考古证明，确有特洛伊这个在小亚细亚西北岸的小城，并且在公元前12世纪初期的战争中被希腊人彻底毁灭。之前，这座小城商业繁荣，被称为“富丽的伊利昂”，以及“有神话般的财富”。

这部史诗就是根据希腊人对特洛伊发动的这次规模很大的战争故事改编的。战争中，希腊人发动十万大军，共乘一千条战船，花费了十年时间才攻下了特洛伊城。被世人熟知的是与这场战争相关的神和英雄的传说。

特洛伊战争故事讲述的是英雄阿喀琉斯的父母结婚时，邀请奥林匹斯山上诸神参加婚礼，每位神都在邀请之列，单单遗忘了女神厄里斯。恼火的厄里斯丢下

赫拉、雅典娜、阿芙罗狄忒三位女神为争当“最美的女神”发生了冲突。

一个“不和的金苹果”，并在上面写着：“给最美的女神”。

赫拉、雅典娜、阿芙罗狄忒三位女神为了争当“最美的女神”发生了冲突。最后宙斯出策，要她们去找最有名的美人鉴赏家帕里斯王子来做裁决。最后，爱神阿芙罗狄忒以给帕里斯王子世间最美丽的女人作为条件与帕里斯交换，得到了金苹果。之后，爱神阿芙罗狄忒带领帕里斯来到斯巴达，骗走了国王的妻子海伦，并将她带回特洛伊。

这一行为引起了希腊人的众怒，于是在阿伽门农的带领下，希腊联军对特洛伊展开了长达十年之久的战争。双方战争期间，天上诸神也分成了两派，太阳神阿波罗和他的姐姐阿尔忒弥斯，还有爱神阿芙罗狄忒帮助特洛伊人，而天后赫拉、智慧女神雅典娜、战神阿瑞斯帮助希腊人，宙斯基本保持中立，但由于特洛伊是宙斯的后人所建，他稍稍偏向特洛伊人。

希腊联军阿伽门农的手下有两名英勇的战士：阿喀琉斯和奥德修斯，两人为最后希腊人攻陷特洛伊立下了最伟大的战绩。希腊人虽然攻城已长达九年，但始终攻不下特洛伊。于是，聪明的奥德修斯乔装成乞丐，进入特洛伊城侦查情况。在雅典娜的帮助下，他设计了一匹巨大的木马，将希腊士兵藏入木马的肚子里。

希腊人将大木马推到城门下，留下木马，放火烧掉海边的营帐，假装乘船撤退。特洛伊的拉奥孔知道其中有诈，全力阻止特洛伊人将木马拖入城内，于是雅典娜派蛇咬死他及他的孩子。特洛伊人不但不听从拉奥孔的话，反而对希腊人的奸细的话置信不疑，打开城门，将木马装上轮子拉到城内。入夜，特洛伊人都进入了睡眠，奥德修斯打开木马的机关，希腊人从木马肚中杀出，与围城外等待的士兵里应外合，一举攻陷特洛伊。

《伊利昂纪》没有将整个特洛伊战争全部写入，没有写婚礼上三位女神争夺金苹果的故事，而只是描写了十年战争的第51天的故事。希腊联军统帅阿伽门农运用自己的权力想要夺走阿喀琉斯美丽的女俘，并使阿喀琉斯当众受辱。一气之下，阿喀琉斯退出了战斗，并向宙斯祈求降灾难于希腊人。

希腊军队屡战屡败，特洛伊人抓准机会进攻，一直把希腊人逼到了海边。但是希腊人中只有阿喀琉斯可以将特洛伊的统帅赫克托耳战败。阿伽门农派人请阿喀琉斯回来参战，但遭到了阿喀琉斯的拒绝。危难之时，阿喀琉斯的密友阿特罗克洛斯穿上他的盔甲出战，结果被赫克托耳杀死。阿特罗克洛斯的死亡惹怒了阿喀琉斯，于是阿喀琉斯重新披挂上阵为朋友报仇，杀死了赫克托耳。

战败的特洛伊人紧紧关闭城门，希望固守住自己的城池，于是希腊联军用木马计攻破了特洛伊城。阿喀琉斯把赫克托耳杀死了以后，还不解心头之恨，于是把他的尸体拴在战车后面，拖在地上转圈。赫克托耳的妻子安德洛玛克在城楼上亲眼目睹丈夫的惨状，悲痛欲绝。之后阿喀琉斯又将赫克托耳的尸体置于阿特罗克洛斯的坟前，每日还把尸体拴在战车后面围绕着阿特罗克洛斯的坟跑三圈。幸有爱神暗中保护赫克托耳的尸体，所以他的尸体才能不被破坏。

众神之父宙斯实在不忍心目睹如此惨状，便命忒提斯神去说情，并派天神暗示赫克托耳的年迈的老父亲普里阿摩斯，让他独自一人带上贵重礼品去阿喀琉斯的营帐内求情。阿喀琉斯被其父的爱子之情所感动，于是在他向朋友亡魂祷告之后，把赫克托耳的尸体还给了老国王。特洛伊城为赫克托耳举行十天庄严的火葬。故事在阿喀琉斯为他的好友举办的隆重葬礼和特洛伊老国王为他战死的儿子赫克托耳举办的葬礼中结束。

《伊利昂纪》对人物性格的描写具有鲜明的个性，是现实中人物性格的真实写照。阿喀琉斯作为最英勇的勇士，因为物质和权势上的利益受损而拒绝为国家

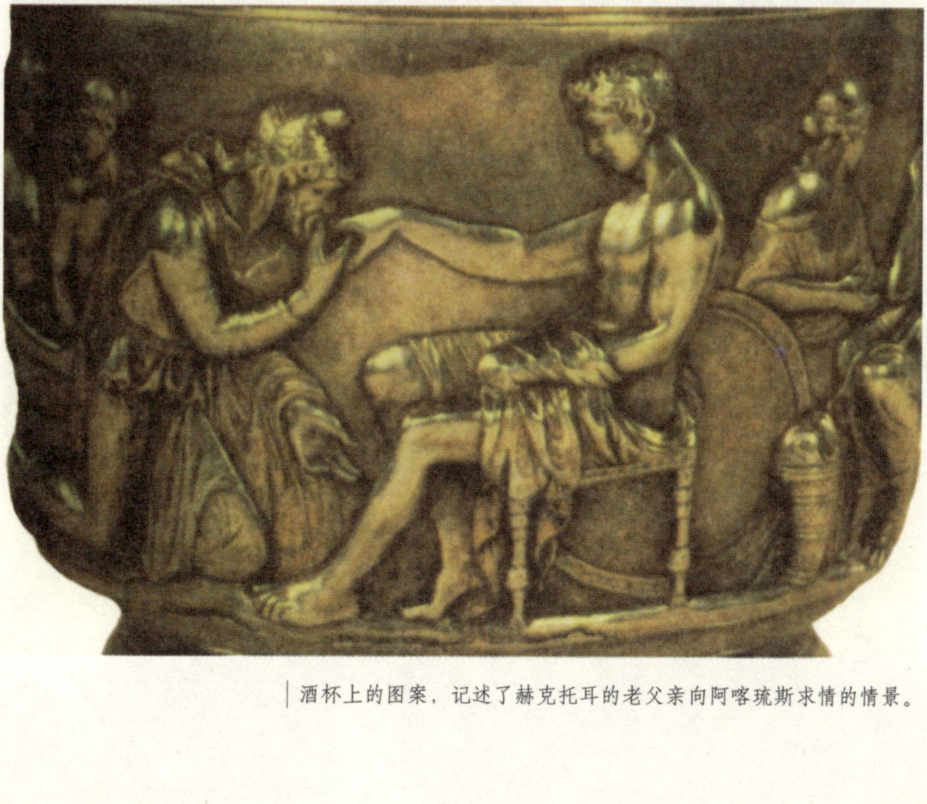

酒杯上的图案，记述了赫克托耳的老父亲向阿喀琉斯求情的情景。

效命，他想到的只是个人的荣誉和权势，而不是民族的荣誉。在他眼里，一切都比不上用自己的权势将他人，尤其是自己的对手压倒。阿喀琉斯之所以会离开队伍，就是因为阿伽门农利用自己的权势羞辱了他，他觉得自己在众人面前丢尽了脸。当阿伽门农第一次邀请他回来之时，他为了报复阿伽门农而拒绝，目的就是为了让羞辱他的人遭受侮辱。而赫克托耳在已经预知特洛伊必将灭亡的命运之后还能为保卫自己的国家奋战到最后一刻，充满了悲剧色彩，让人心痛不已的同时产生敬畏之情。

《伊利昂纪》的文学结构具有极高的研究价值。特洛伊战争长达10年之久，但是荷马却只写第十年中第51天的故事。整部史诗看起来只是完成了对一个完整故事中一段情节的叙述，但是荷马却巧妙的将整个特洛伊战争以点带面地巧妙地穿在一起。虽然只是一天的描写，却令人仿佛已经看到特洛伊战争的全部。这部作品几近完美地运用了艺术典型化的手法，创造了史诗叙事的奇迹。

《伊利昂纪》反映了希腊广泛而又丰富的社会生活，具有很高的古文化史价值和审美艺术价值。它规模宏大、结构完整、剪裁得当，它回溯的叙事布局方法，对后世戏剧、小说有很大影响。它将写实与想像巧妙结合，将历史事实与神话传说巧妙地融合在一起，创造了奇情壮美、瑰丽多姿的史诗世界。

二、希腊英雄的伟大颂歌：《奥德修斯纪》

《奥德修斯纪》是荷马史诗的第二部分，“奥德修斯纪”意为“关于奥德修斯的故事”。史诗讲述的是智慧的奥德修斯在使用木马计攻破了特洛伊城，使希腊人取得了战争胜利后，归返故乡途中路发生的故事。

奥德修斯在返乡的途中惹怒了海神，在种种神力的阻碍下历尽了各种艰险。他与魔鬼斗智斗勇、经受住了种种诱惑，面对独眼巨人、能够把人变成猪的魔女，他丝毫没有退缩，最终战胜了他们，历经艰险后回到了阔别十年的故乡。

奥德修斯参加特洛伊战争整整十年，归乡的途中又花费了十年的时间，前后加起来共二十年，家乡的人都以为他已经死了。家乡的贵族子弟早就觊觎他美貌的妻子潘奈洛佩，于是纷纷来到他家中，向潘奈洛佩逼婚。可怜的潘奈洛佩一直呆在家中等待丈夫凯旋，却反复被求婚者纠缠，她只能利用自己的智慧来摆脱这种纠缠，她要求先将丈夫的寿衣织好，然后才可以再出嫁。

她白天织寿衣，晚上却拆开寿衣，这样，一件寿衣织了三年还未完成。到第四年，一个可恶的女奴通风报信，将潘奈洛佩的秘密告知了求婚者，她的处境变得十分险恶起来。此时，奥德修斯的儿子忒勒玛科斯已长大成人，他外出寻父，

奥德修斯装成乞丐试探其妻子对他是否忠诚。

并在奥德修斯归来之后，受雅典娜的指示也返回家中，与父亲相认。

面对阔别十年的妻子、孩子，奥德修斯不知道妻子对他是否还忠贞，他装成乞丐去试探妻子，诚实又智慧的妻子潘奈洛佩反将他试探，于是夫妻团圆。奥德修斯用一条大绳子吊死了背叛他的12个女奴，并设计杀死众求婚者。当众求婚者的部落要来报仇的时候，宙斯派雅典娜命令双方缔结和约，史诗至此结束。

《奥德修斯纪》的结构与《伊利昂纪》有很大不同，在这部史诗中，荷马先引出悬念，让读者思考：特洛伊战争后，希腊英雄们都到哪里去了，都在做什么？然后写奥德修斯的儿子忒勒玛科斯离开家外出寻父的事，由家庭线索带出海上线索，一明一暗两条线索自然并行。明线是奥德修斯返乡，这是主线；另一条暗线是在家的妻子反复被求婚者纠缠。为摆脱纠缠，孩子出来寻找奥德修斯的线索，两条线索并行呼应，交错发展。一明一暗两条线索交互叙事的方法是伟大诗人荷马的首创，他还首创了倒叙的叙事方法，以及第一人称与第三人称并用的手法。

《奥德修斯纪》和《伊利昂纪》两部史诗都是在歌颂英雄、赞美英雄的同时，真实的描写了希腊普通人的生活状况、思想方式，对于这样的生活，荷马文字之间流露出自然而然的欣赏之情。在两部史诗中，流淌的是关于人类精神的伟大颂歌。

三、缔造希腊神话谱系的巨著：《神谱》

《神谱》的作者是赫西奥德，是与荷马同时代的游吟诗人。《神谱》由三大部分组成：第一部分：序曲，描写了艺术之神缪斯的诞生，分别刻画了九位天神的品性特征。最后缪斯讲述诸神的诞生，从而引出下一部分对众神起源的描写。第二部分：主体，是全诗的主要部分，详细描写了希腊神话中众神的起源，记载的内容是由地神盖娅诞生一直到奥林匹斯诸神统治世界这段时间的历史。另外还描述了天神们各异的外貌形象以及各自的性格特征，并且记载了他们之间争名夺利的斗争故事。第三部分：尾声，作者预示另一部诗篇的问世以及英雄的诞生，这些英雄将成为部落或者氏族首领。城邦时代，《神谱》成了希腊人普遍都相信的一个谱系，以至于影响到后来希腊神话的整个系统。

与其他民族的神话起源一样，《神谱》中的神话世界也是从混沌开始的。最原始的神是卡俄斯，即混沌的意思。这种混沌是一片漫无边际的漆黑，在这漆黑之中，大地之神——盖娅诞生了。

盖娅是大地的化身，在希腊神话中，大地是宇宙惟一的支点，是与混沌的区分。随后，盖娅自己生下了天宇之神乌兰诺斯，又与乌兰诺斯结合生下了提坦神族的12个神。在乌兰诺斯和盖娅结合的时候，有一种传说说乌兰诺斯的孩子中会有一个取代他成为王。乌兰诺斯对此深信不疑，为了保住自己的王位，他将所有的孩子打入地狱，但是这12个提坦神中最小的一个——克罗诺斯在母亲盖娅的保护下逃过劫难。也就是这个最小的神祇，长大后，以强大的神力战胜了自己的父亲，成为了新一代的天神。

新天神克罗诺斯和姐姐瑞娅生下了新的神祇——奥林匹斯神族，这也是被后世所更多了解的希腊神话中神祇。令人不可思议的是，克罗诺斯得到一个和自己父亲几乎完全相同的命运提示，为了不让自己的儿子当中任何一个取代他的王位，克罗诺斯生下一个儿子就吞食一个，到了最小的儿子宙斯的时候，母亲瑞娅用石块代替儿子，使克罗诺斯吞下了包着石块的襁褓。于是宙斯得到了王位，成了新的众神之王。

成为新王的宙斯采取了英明的管制方法，变暴政为民主。然而命运的作弄继续发生在宙斯身上，其子中将有一人代其王位的命运指示又开始传播。而此时的宙斯已经不再像自己的父亲那样只懂得专制、暴虐，而是继续与诸神和睦的生活在奥林匹斯山上。但这并不是说宙斯对于取代他的王位的那个儿子就完全不提防。他找来先知普罗米修斯，但能预知未来的普罗米修斯却拒绝回答他的问题，还盗取天火送到人间，愤怒的宙斯将他永远绑在了高加索山上。从此，老鹰永不停歇的啄食他的肝脏……

《神谱》的诞生对于希腊神话来说具有里程碑式的意义。从文明发展史的角度看，当希腊社会进入文明时期以后，神话的内容已经基本形成，但是由于历史上希腊神话与其他文明不断地融合交汇，使得希腊神话呈现出复杂纷乱的现象，对于神的职能以及神的故事往往相混淆。《神谱》以第三代天神——奥林匹斯神为最后的归宿，使希腊神话拥有了一个统一的脉络。

第六章

希腊罗马经典神话选萃

一、盗火者普罗米修斯

二、宙斯与欧罗巴

三、美杜萨的头颅

四、狄奥尼索斯与彭托斯的争斗

五、赫拉克勒斯的十二大任务

六、英雄忒修斯的冒险

七、英雄柏勒洛丰的传奇

八、俄狄浦斯的生与死

九、阿尔戈英雄的远征

十、特洛伊战争

十一、奥德修斯归乡

一、盗火者普罗米修斯

自宇宙诞生之后，世间万物都和谐地生活在天地之间。鸟儿从天空中飞过，留下美妙的歌声在天地间回荡。深蓝的大海中，各种各样的鱼儿相互追逐嬉戏，海浪不断拍打着海岸，激起阵阵浪花。陆地上，动物们更是成群结队地栖息、驰骋，世间生命们都逍遥自在地生活着，但却没有一个能够主宰整个世界的神灵出现。

直到有一天，身为提坦神之一的普罗米修斯降生了，他的父亲是伊阿佩托斯，母亲为海神克吕墨涅。普罗米修斯生来就有着超群的智慧，他成为人类的创造者：他用泥土按照天神的外貌塑造成人的外形，并从动物的身上分离出善与恶两种天性，分别注入泥人体内。当具有生命的泥人出现在雅典娜面前时，就连雅典娜也十分惊讶，于是将呼吸赋予了人类。

普罗米修斯按照相同的办法每天都捏造出很多泥人。这样世界上不仅出现了第一批人，而且数量还在不断地增加。可在最初，人类并不懂得运用自已被天神所赋予的能力，他们相互之间没有交流，彼此之间不懂帮助，他们漫无目的地行走于大地之上。

空有一副躯壳而不懂得使用智慧的人类并不是普罗米修斯所要创造的。于是普罗米修斯决定让人类更加完美，准备启发他们，使他们成为真正具有智慧的人

普罗米修斯生来就有超群的智慧，他是人类的创造者。站在他身后是赋予人类灵魂的雅典娜女神。

类。普罗米修斯首先帮助人类创造了生活工具，教给人类利用工具和牲畜耕种；之后他又告诉人类，可以利用星象选择耕种的最佳日期，这样更有利于农作物的生长；为了使人与人之间有更多的交往，普罗米修斯更是将语言、文字传入了人间……在人类掌握了制造工具、耕种、语言交流等基本的生存技能后，人类社会有了很大的发展。

盗火者普罗米修斯将火种带到人间。

人类的出现引起了众神之父宙斯的注意，身为第三代天神的领袖，他刚刚推翻了提坦诸神的统治，为了展示众神之父的权力，宙斯要求人类对神灵要绝对崇敬。只有这样，他才答应保护力量微弱的人类。

这一天，诸神们聚集在希腊的墨科涅，探讨人类究竟应该如何生存在这个世界上。普罗米修斯是人类的创造者，更是人类的维护者，在为人类尽可能地争取权益的时候，他与其他神们几次发生争执，最后问题的焦点集中到了如何向神灵供奉祭品上，神们都提出人类要把最好的祭品敬献给他们。普罗米修斯为了不让人类有更多的负担，决定运用他的智慧，哪怕是运用蒙骗的手段，也要维护住人类的权益。

普罗米修斯当场宰了一头公牛，把牛肉和牛骨以及内脏分离开，他将肉和内脏放到了一起，剩下的骨头则用板油包裹起来放在一张牛皮之下，这一份比前一份明显大出很多。之后他请出宙斯，让宙斯在这两份中替天神选择出他们喜欢的那一份。宙斯实际上已经看穿了普罗米修斯内心所想，但他有自己的盘算，于是佯装不知，假意提醒普罗米修斯的祭品分得不公平。普罗米修斯深信宙斯已经上当，于是催促宙斯选出表面上看起来更多的一份祭品。宙斯十分气愤，但还是故意拿起大的一份。正当普罗米修斯暗自得意时，宙斯却将板油拽下，露出了牛骨头，宙斯责备普罗米修斯欺骗了众天神。

有了这个受骗的理由，宙斯便开始名正言顺地向普罗米修斯展开报复。在人类拥有了一切生存技能以后，却缺少最重要的火种，于是宙斯拒绝向人类提供火种。普罗米修斯为了人类决定盗取火种，他找来一根茴香秆，将它伸到太阳的火焰里点燃，然后将火种带到了人间。火在人间越烧越旺，火光直冲云霄。宙斯看见火光，知道事实已经无法改变，愤怒之余，决定无论如何都要给普罗米修斯以教训。

宙斯命令工匠神赫菲斯托斯打造一尊美女石像。在普罗米修斯同宙斯的频频斗智中，很多天神都对普罗米修斯为了保护人类利益，损害到天神共同利益的行为而不满，还有一部分天神因为普罗米修斯过人的智慧而对他产生了深深的嫉妒，智慧女神雅典娜就是其中一个。于是雅典娜帮助赫菲斯托斯把美女石像装扮得更加美丽、动人。众神使者赫耳墨斯也来帮忙，使石像能够说出勾人心魄的曼妙语言。此时的石像已经变成了活生生的一个美人，但最美丽的女神阿芙罗狄忒又把诱惑男人的魅力注入到石像身体里。在一切准备就绪以后，宙斯依然觉得少了点什么，于是他将恶毒的祸水灌输到石像体内。将给人类带来无穷灾难的潘多拉就这样诞生了。

在潘多拉来到人间之前，人类在普罗米修斯的帮助下一直过着自由而快乐的日子，相互之间没有勾心斗角，生命之中没有贫穷疾苦，人们不用为了生计而苦于劳碌，更不会因为嫉妒而彼此中伤。可惜美好并没有持续多久，潘多拉的临世就是灾难的降临，她将一只盛满世界上所有邪恶的盒子带到了人间，当盒盖被打开后，所有灾祸一涌而出，而就在那被重重压在盒底的“希望”也想要出来时，潘多拉毅然关上了盒盖，“希望”就被永远地关在了盒子里面。

宙斯的这个计划为人类带来了无穷无尽的灾难，其后，他又把报复的矛头转向了普罗米修斯本人。他又找来工匠神赫菲斯托斯，将自己的计划告知了这位全宇宙最优秀的工匠，虽然赫菲斯托斯并不赞成宙斯的做法，但是他并不敢违抗宙

普罗米修斯被锁链锁在了高加索山上。

斯的命令，而且他身边还有克拉托斯和皮亚这两个代表着强力和暴力的仆人在监工，他只能按照宙斯所命用宇宙中最牢固的锁链将普罗米修斯锁在了高加索山顶。为了惩罚普罗米修斯，宙斯不仅将普罗米修斯锁在高加索山上，使他无法动弹一下，还派出凶残的恶鹰白天啄食他的肝脏，血流不止的肝脏夜间又会长好恢复原形。普罗米修斯白天疼痛难忍，夜里苦不堪言，这样的折磨将一刻不停地持续三万年之久。

虽然肉体上承受着巨大的痛苦，但是意志坚定的普罗米修斯并没有屈服。拥有预知未来能力的他知道宙斯的王权并不能永久存在，无论是谁都无法逃出命运的安排，就如同第一代天神被第二代天神所取代，宙斯又取代第二代天神一样，将来，宙斯必定由他本人的孩子所取代。长期以来，宙斯也为这个难解的命运安排而深深苦恼，曾经为此来找过普罗米修斯，条件是只要普罗米修斯说出将来要取代他王权的孩子是谁，他就会放了他，但普罗米修斯拒绝了宙斯。狂怒不已的宙斯说，如果没有人自愿献身代替普罗米修斯受苦，这样苦难的日子将永不停止。

三万年后，普罗米修斯终于迎来了解除他痛苦的日子，大英雄赫拉克勒斯为寻找金苹果来到了高加索山脚下，他看见一只恶鹰正在啄食一个被绳索捆绑在山顶的人，非常气愤，于是将恶鹰一箭射死。在赫拉克勒斯的帮助下，普罗米修斯方才最终得救。至于那个志愿为普罗米修斯献身的人，就是半人半马的肯陶洛斯族的喀戎。普罗米修斯离开山崖以后，喀戎就作为他的替身留在悬崖上。普罗米修斯则终身要佩戴一个镶嵌着高加索山石块的铁环，永远不能摘下。

二、宙斯与欧罗巴

腓尼基王国十分富饶美丽，国王阿革诺耳有一个女儿，名字叫做欧罗巴，她住在父亲的宫殿里，从来都没有出去过。有一天夜里，她做了一个梦，在梦里，世界上的两块大陆化成了两个女人的形态，两个女人为占有欧罗巴而发生争执，其中一个女人自称亚细亚。亚细亚告诉欧罗巴，她是从小将她哺育长大的母亲，而另外一个女人却要强硬地带她走，说要带她去见宙斯，因为命运女神已经安排她做宙斯的情人。

当欧罗巴从梦里醒来时，内心很慌乱，她想了好久，不知道是自己为什么做了这样一个梦。她更想知道，梦里的女人到底是什么人，她觉得亚细亚很慈祥，并希望再次回到梦中。

天亮后，欧罗巴和他的伙伴们一起来到海边的一块草地上，这是大家经常玩耍的地方。姑娘们穿得都十分漂亮，欧罗巴更是光彩照人。姑娘们都在采摘自己喜欢的花朵，欧罗巴站在他们中间，双手拿着红色的玫瑰，好像一位女仙子。

这时，宙斯看见了美丽的欧罗巴，他想占有她，但又很害怕自己的妻子赫拉知道后会嫉妒，于是就想出了一个办法。他变成了一头美丽的公牛，有着金黄色的皮毛，眼睛是蓝色而明亮的，额头前则有一块像月亮形状一样的印记。

在宙斯变成公牛以前，他找到了赫耳墨斯，要他把所有在山坡上吃草的牲口都赶到海边。赫耳墨斯按照吩咐这样做了，但他并不知道，宙斯此时已经混在了公牛群中。宙斯化作的公牛来到了草地上，姑娘们都为它温柔可爱的样子而心动，纷纷伸出手来抚摸它的皮毛，公牛则表现出一副驯服的样子。它后来来到了欧罗巴的身边，欧罗巴最初有些害怕，担心公牛会伤害自己，但后来她却发现这头公牛只不过是老老实实地站在她身边，于是胆子就大了起来，将手里的鲜花送到了公牛的嘴边，公牛开始舔欧罗巴的手，欧罗巴看见这头公牛如此温柔，便特别喜欢它了，甚至还在公牛的额头上亲吻了一下。公牛所发出的幸福叫声不停地在山谷中回响。

后来，公牛在欧罗巴身边躺了下来，非常贪恋地看着她，并且还示意欧罗巴爬到自己的背上。欧罗巴很开心，把自己的伙伴们都叫过来，告诉她们自己可以爬到牛背上玩。

欧罗巴认为牛背上能坐四个人，她将伙伴们手上的花环带在了牛角上，自己先骑上了牛背，这个时候，其他人还不敢上来。宙斯看见自己的目的已经达到了，于是马上站了起来，漫步向前行走，就算走得十分缓慢，欧罗巴的其他女伴还是追赶不上。公牛走出了草地，沙滩就在眼前，他开始加速前进，好像马一样奔腾起来。

欧罗巴根本不知道发生了什么事情，当宙斯跳入大海中时，她只能用手紧紧地抓住牛角，海风将她的衣服吹动着，她觉得十分恐惧，大声叫同伴们来救自己，可是风太大了，同伴们都没有听到。欧罗巴很担心衣服会被海水弄湿，于是翘起了双脚，这个时候，宙斯向大海深处游去。

太阳落山了，欧罗巴感到更加恐惧，公牛驮着欧罗巴继续向前游走，一天过去了，周围依然是海水。可是公牛的动作太灵巧了，没有一滴水将欧罗巴的身体弄湿。到了晚上，他们才到达另外一端的海岸，公牛爬上了海岸，让欧罗巴从背上下来，自己却突然间消失了。欧罗巴正在举目四处寻找公牛时，她看见了一个英俊的男人，男人告诉欧罗巴，这里是克里特岛，他是这里的统治者，除非她愿意嫁给他，他才能保护她，欧罗巴只好答应了。

端坐在王位上的众神之父宙斯。

宙斯的愿望达到了，他马上又一次消失了。第二天太阳升起的时候，欧罗巴从睡梦中醒过来，因想念亲人们而开始呼唤父亲的名字，然而在梦中，她好像已经失身了，她觉得自己没有颜面去叫父亲的名字，她甚至不敢相信发生的一切都是真实的。

她很愤怒，希望公牛能够再次出现，倘若她再看到公牛，一定要折断它的牛角。她祈求天神赐给她力量，她想要报复公牛，但是什么都没有发生。欧罗巴在绝望的时候想到了死亡，但是她实在没有勇气去面对死亡，正在踌躇的时候，她听见自己身后传来笑声，她回头看见了美丽的女神阿芙罗狄忒，女神浑身闪烁着光芒，身边站着她的儿子丘比特，丘比特拿着小小的弓箭，样子十分可爱。

女神告诉欧罗巴要平息怒气，因为她诅咒的公牛马上就要出现了，一旦公牛出现，就会把牛角送给欧罗巴让她折断。阿芙罗狄忒还说自己就是托梦给欧罗巴的人，她还告诉欧罗巴，那头公牛就是天神宙斯。

欧罗巴这才如梦方醒，她只能嫁给宙斯了。她与宙斯一共生下了三个儿子，这三个儿子力量都十分强大，而且充满智慧。他们分别是弥诺斯、拉达曼提斯和萨耳珀冬。弥诺斯和拉达曼提斯后来成了冥界审判官员，而小儿子萨耳珀冬则成为了一位大英雄，也就是小亚细亚吕喀亚国的国王。

三、美杜萨的头颅

一个神谕降临到亚各斯国王阿克里西俄斯的生活中来，神谕告诉他，将来他的外孙会杀害他。于是当自己的女儿生下了儿子珀耳修斯以后，阿克里西俄斯将他们装进了箱子，放在水中漂泊。箱子漂泊到了塞里福斯岛，岛上的统治者是狄克堤斯和波吕得克忒斯兄弟，他们发现了箱子，于是波吕得克忒斯娶了珀耳修斯的母亲，还抚养了珀耳修斯。

珀耳修斯长大后，继父很担心他会抢夺自己的王位，于是就要他去做一件危险的事情，将女妖美杜萨的头颅带来。虽然珀耳修斯知道事情很危险，但是还是答应了。在神明的指引下，他来到了怪物之父福耳库斯的领地，福耳库斯有三个女儿，都叫做格赖埃。她们天生白发，还共同有一个眼睛和一颗牙齿，于是珀耳修斯将她们的眼睛和牙齿夺走，要她们用会飞的鞋、神袋和狗皮盔来换取。这些宝贝让珀耳修斯有了飞翔、隐身的本事，珀耳修斯将眼睛和牙齿还给了她们。

离开三个姐妹，珀耳修斯又找到了一副青铜盾牌，然后他飞到海边，将福耳库斯的其他孩子找到，这也是三个姐妹，叫做戈耳。戈耳身上有鳞片，头上长着毒蛇，牙齿和野猪一样尖锐，手是铁做的，不管什么人，看见她们就会变成石头。三姐妹中最小的一个就是美杜萨。珀耳修斯砍下了美杜萨的头颅后，带着她的头和剑开始逃跑，由于狗皮盔有隐身的魔力，所以他躲开了其他姐妹的追捕。他来到了国王阿特拉斯的领地，希望能够休息一夜，国王却担心他会偷自己的金苹果，所以不答应。珀耳修斯很生气，用美杜萨的头颅对着国王，国王变成了石头，而国王的毛发变成了树木，四肢变成了山脊，头颅变成了高山。

杀死女妖美杜萨的英雄珀尔修斯。

珀耳修斯离开后，又来到了国王刻甫斯治的领土，他看见一个很美丽的女人被困在海岸中的礁石上，于是他问姑娘为何如此。姑娘告诉他自己本来是国王的女儿，但是母亲却炫耀自己的美貌，让海中仙女很生气，她们向海神抱怨，于是海神想用洪水淹没整个王国，但神谕上却说除非国王把女儿献给海神的妖怪，才能让整个王国避免覆灭，所以自己就被困在了这里。

珀耳修斯找到国王，说自己能够消灭妖怪，还想娶公主为妻，国王答应了。于是珀耳修斯用美杜萨的宝剑将妖怪杀死，然后与公主举行了结婚典礼。但是在婚礼上，国王的弟弟带人要杀珀耳修斯，因为他也追求过公主，而国王认为他没有和公主结婚的资格，于是他很生气，决定杀死珀耳修斯。珀耳修斯却用美杜萨的头颅让所有的敌人变成了石头。

珀耳修斯带着妻子去和母亲一起生活，母亲看到他已经成家立业，就把他的身世告诉了他。珀耳修斯了解这一切以后，决定去找外祖父。路上他遇见了比武大会，其中一个项目是投掷，但是他投掷出的铁饼却将一个人击中，这个人正是他的外祖父。尽管时间已经过去了多年，但神谕还是应验了，珀耳修斯将外祖父安葬后，继承了王位。

四、狄奥尼索斯与彭托斯的争斗

宙斯和塞墨勒生下的酒神狄奥尼索斯，是这个世界上第一个栽培种植葡萄的神。他成年以后离开了故乡底比斯，四处流浪教各地的人种植葡萄。不久，他的名字就传遍了希腊。当时，卡德摩斯已经把自己的王位传给了彭托斯，而彭托斯则是泥土所生的厄喀翁与阿高厄的儿子，阿高厄则是狄奥尼索斯母亲的妹妹。彭托斯是一个十分傲慢自大的人，他特别憎恨能力与声誉比他强的人。

彭托斯对狄奥尼索斯十分嫉妒，所以当狄奥尼索斯带着信徒准备对他阐述神谕的时候，彭托斯对此不屑一顾。他对占卜家的预言十分反感，因为占卜家告诉他，底比斯的很多男人、妇女以及孩子，都会来听狄奥尼索斯阐述神谕。

彭托斯觉得这些人愚昧之极，不然根本不会追随狄奥尼索斯。他说狄奥尼索斯是一位懦夫，并且贪图虚荣，头上总是戴着葡萄藤做的花环，身上穿的不是盔甲而是金黄色的长袍，他不懂得骑术，还在战场上逃跑过，如果这些人不愚昧，一定会发现狄奥尼索斯不过是一个普通人，宙斯根本不是他的父亲。

彭托斯的傲慢语言让所有的人都很担心，就连他的外祖父都很无奈地表示反对，但是所有的劝说都无济于事，彭托斯更加憎恨狄奥尼索斯。这个时候，被他派去抓狄奥尼索斯的所有仆人都回来了，他们头破血流，受了很多伤。

彭托斯问仆人们在什么地方遇见了狄奥尼索斯，仆人们说他们没有遇见过狄奥尼索斯，但是却抓到了他的一个随从。彭托斯审问被抓来的人，他告诉彭托斯自己叫做阿克忒斯，家乡在梅俄尼恩。自己是普通人家的孩子，家中没有牲畜更没有土地，只会钓鱼，后来学会了开船，再后来则成为了一个优秀的航海人。有一次，他随船来到了一个不知道叫什么名字的海滩，一个人在岸上过夜。第二天，船上的其他船员也都来到海岸上欣赏风景，他们带着一个男孩子，相貌英俊但是却好像被酒精麻醉了，走起路来摇摇晃晃，几乎跟不上大家的脚步。

他觉得这个男孩子是一位天神，于是希望这个男孩子能保佑自己顺利，并且原谅这些将他带来的人。可是其他船员却不想向这个孩子祈祷，并且嘲笑他，甚至有一个很年轻的小伙子将他扔进了大海，要不是他抓住了船上的绳子，一定会被淹死的，而这个小伙子正是一个刚刚杀人以后潜逃的罪犯。

最后，大家又把这个男孩子拖上了船，而男孩子此时已经睡着了。等他被喧哗的声音吵醒以后，询问船员为什么自己会在这里，为什么大家要大声争吵。一个船员告诉男孩子，他们将把他送到他想要去的地方。而实际上这却是一个谎言。男孩说他想去自己的家乡那克索斯岛。本来岛在船的右方，可是所有的船员却要向相反的方向航行。不久，男孩子发现自己受骗了，于是他冷笑着站在甲板上，绝望地向大海深处眺望。他恳求船员一定要把自己送到家乡，可是所有的水手都不听他的恳求，还不停地嘲笑他。

正在这时，突然发生了一件意想不到的事情。船好像搁浅了，不管船员们怎样努力，船都没有动一下。又过了一会儿，葡萄藤将船浆缠绕起来，枝条向桅杆上攀爬。原来这个男孩子就是著名的酒神狄奥尼索斯。他目光充满了神采，头上还佩带着用葡萄叶做成的美丽花环，手里拿着葡萄藤做的神杖，葡萄酒的甘甜也在船上蔓延，船员们都很害怕，其中一个船员刚刚要呼叫，就发现自己的嘴巴和鼻子已经连接在了一块。

剩下的船员想要继续呼叫时，也受到了同样的待遇。他们开始渐渐发生变化，首先是身体上长出了蓝色的鳞片，背脊变弯曲了，手臂变成了鱼鳍，双腿成了尾巴，他们统统变成了鱼，他们都从甲板上跳到大海里，不停地游动，只有他

盛装下的狄奥尼索斯。

自己安然无恙，但是他已经怕得要命，浑身不停地颤抖。

他想他一定也和其他船员的命运是一样的，即将会失去人形变成一条鱼，但是没想到的是，酒神狄奥尼索斯对他非常友好，将他送到那克索斯岛去。到达目的地后，酒神把他带到了祭坛旁边，让他做了酒神的随从。

这个人讲述完自己的经历后，彭托斯非但没有什么感触，却用各种各样的刑法来惩罚他，还将他关在了地牢里。本来他的双手是被紧紧地捆绑住的，但是却不知道是为什么，竟然有人将他从地牢里放了出去。

彭托斯知道后暴跳如雷，开始大肆屠杀狄奥尼索斯的信徒，就连自己的母亲和已参加祭祀活动的姐姐也不肯放过，他把他们全都关进了地牢。同样，这些人的手脚也是被紧紧捆绑住的，但捆绑他们的绳索也都神奇地自行脱落了，地牢的大门也都敞开着，这些人因而对狄奥尼索斯满怀崇敬之情。

彭托斯马上派人去捉拿酒神，但是被派去的人十分恐慌，因为酒神狄奥尼索斯并不怕他，而是甘愿地让这个人为自己带上枷锁。他被带到了彭托斯面前，彭托斯根本不想看他一眼，可是还是被酒神的年轻和美貌吸引住了，他不由自主地看着酒神，但内心里还满怀憎恨，他认为酒神不是真正的酒神，只不过是盗用了酒神狄奥尼索斯的名字。于是他让人给酒神狄奥尼索斯带上了最繁重的枷锁，还把他关进了一个很隐蔽的山洞中。但是，刚刚被关进山洞的酒神轻轻地说了一个咒语，立刻地动山摇起来，酒神手上的枷锁也随之脱落下来，他安然无恙地走出山洞，受到追随他的人的热烈崇拜。

彭托斯得知这个消息后更加愤怒，他还得知那些女信徒们是怎样无比虔诚地祭拜酒神的，而这些女信徒的领头人正是他的母亲和姐姐。她们不过是用自己的手杖敲击岩石，石头的缝隙里就会有甘甜的清泉或者美酒流淌出来，而所有的空心树干里都有蜂蜜流出。

被彭托斯派去打探消息的仆人还告诉他，假如他在现场，亲眼看见了酒神狄奥尼索斯，一定会忍不住去下跪。彭托斯听到了这一切，愤怒之极，他命令所有的士兵去抓那些女信徒，但是不等去抓，酒神狄奥尼索斯却来到了他面前，并建议彭托斯亲自去把女信徒带走，但要他穿上女人的衣服，因为女信徒们如果发现他是一个男人，一定会将他撕碎的。

彭托斯虽然不愿意听从酒神的安排，但还是勉强地接受了，他跟在酒神狄奥尼索斯的后面，向城外走去，但实际上他已经中了魔法，这就是酒神给他的教训。中了魔法的彭托斯觉得天上有两个太阳，一个比现在的底比斯城大一倍的城市出现了，而狄奥尼索斯看上去已经不是人形，好像是一头巨大的公牛，他顷刻间对狄奥尼索斯充满了敬意，希望能够得到一根神杖。

彭托斯拿到了神杖，马上兴奋地向前奔跑，他们来到了幽深的山谷中，狄奥尼索斯的所有女信徒们聚集过来，一边向自己崇拜的神唱歌，一边欢快地舞蹈，他们用新鲜的葡萄藤缠绕着自己的神杖，但是彭托斯看不见这样的景象，因为他已经失明了，什么都看不见。

酒神狄奥尼索斯将一只手伸向天空中，于是出现了奇迹，他的手在伸到松树的树冠上时，树冠弯曲了下来，他看上去丝毫没有用一点力气，就好像让一根柳树的枝条弯曲一样。狄奥尼索斯让彭托斯坐在了树冠上，再让松树渐渐地恢复到原来的位置，本来大家都以为彭托斯会掉下来，但是彭托斯却稳稳地坐在了树冠上面，山谷里的很多狄奥尼索斯的信徒都看见了国王彭托斯，国王却还是看不见任何人。

这个时候，酒神狄奥尼索斯告诉信徒们，这个人就是想惩罚大家的人，他该受到什么样的惩罚。信徒们开始向彭托斯投掷石头，然后又投掷被折断的树枝和神杖，但是这些东西都无法击中彭托斯所在的树冠，于是他们又想到了另外的办法。他们用坚硬的栎树棒去挖松树周围的泥土，让泥土一点一点地松动，终于树根露出了地表，大树开始倾斜，之后便轰的一声倒了下来。

彭托斯也从树上掉了下来，而狄奥尼索斯则在彭托斯的母亲阿高厄的两只眼睛上写上了咒语，让她再也认不出自己的儿子，于是她也要狠狠地惩罚彭托斯。此刻，彭托斯终于恍然大悟，知道了所发生的一切，他马上扑进了母亲的怀抱，告诉她自己是她的儿子，他要母亲不要惩罚自己。

但彭托斯的母亲根本就没有认出自己的儿子，她看见的不是自己的儿子，而是一头凶狠的狮子。她抓住了彭托斯的肩膀，凶猛地拉着他的手臂，其他人也开始过来惩罚他，开始将一块块皮肉从他的身上撕了下来。而彭托斯的父亲阿高厄则将自己儿子的头颅穿在了神杖上，他带着自己儿子的头颅，高兴地穿过了山谷。

五、赫拉克勒斯的十二大任务

宙斯和底比斯国王安菲特律翁的妻子阿尔克墨涅生下了赫拉克勒斯，他对这个孩子十分宠爱，并希望他将来能够有伟大的壮举。天后赫拉十分嫉妒情敌阿尔克墨涅，她在摇篮里放了两只毒蛇，但是毒蛇却被婴儿给捏死了。

国王安菲特律翁认定赫拉克勒斯有特殊的才能，于是找来很多人做他的老师，学习驾车、摔跤、射箭等本领。等赫拉克勒斯长大以后，他成为希腊最有力气的武士。

赫拉克勒斯想要选择自己未来的生活方式，在选择的过程中，他遇见了两个高贵的女人，她们分别带着幸福和美德，幸福女神给他财富，美德女神给他光荣，他最终选择了光荣。

国王菲特律翁的牧场在基太隆山脚下，那里有一头可怕的狮子。赫拉克勒斯杀死了狮子，并用狮皮做成了盔甲。随后，他又遇到了明叶国王埃尔吉诺斯派出的向底比斯人收取年贡的使者。赫拉克勒斯认为这是不合理而又苛责的行为，于是号召国内的英雄们和他一起抵抗明叶国王。女神雅典娜也把自己的盔甲借给了赫拉克勒斯，赫拉克勒斯凭借着这盔甲和自己的神勇打胜了这场战争。

作为奖赏，底比斯国王安菲特律翁将自己的女儿嫁给了赫拉克勒斯，其他神灵也给了他不少宝物，他很感激，于是参加了奥林匹斯山上的天神和巨人之间的

赫拉克勒斯的第二个任务是杀死九头蛇。

一场战争，由于他将很多巨人杀死，立下了显赫的功绩，诸神称他为“奥林匹斯人”。而在这之前，也只有宙斯的另一个儿子才有过这样的称号。

有一天，赫拉克勒斯得到神的指示，说如果他为欧律斯透斯国王完成十件任务，就可以变成神。赫拉克勒斯觉得自己为这样一个小国国王效力有损尊严，内心十分矛盾。天后赫拉也趁这个机会让赫拉克勒斯的脾气更加凶暴，于是凶暴的赫拉克勒斯在没有理智的情况下将妻子和三个孩子杀死了。等他清醒以后，已经晚了，于是他隐居起来，过了很久才重新有勇气去完成这十大任务。

第一个任务是将一头巨狮杀死。经过一番波折，他找到了这只野兽，对着它的心脏射了两只箭。但是狮子的皮太厚，并没有射进去，于是赫拉克勒斯干脆将自己手中的武器丢掉，亲手将狮子掐死。

接下来的任务是杀死九头蛇。它生活在沼泽地里，性情暴躁，血液也有剧毒，赫拉克勒斯首先用木棒将它的八个头颅敲下来，但是第九个头颅却能够一次次再生。赫拉克勒斯就用火烧，将毒蛇杀死，并把自己的剑浸泡在毒蛇的血液里，让剑成为毒剑。

后来的任务依次是抓获一头驯鹿和一头野猪，将三十年都没有打扫过的奥革阿斯牛棚清洁干净，用刺耳的声音将怪鸟吓跑，驯服克里特岛上的公牛，制服吃人的马。

完成八项任务后，赫拉克勒斯坐上了阿尔戈船，和伊阿宋一起去寻找珍贵的金羊毛。海上的冒险结束以后，赫拉克勒斯又接受了第九个任务，为公主阿特梅塔夺取亚马逊女王希波吕忒的腰带。通过作战，赫拉克勒斯得到了女王的腰带。在归途中，他又从海怪嘴下抢回了特洛伊国王拉俄墨冬的女儿赫西俄涅。

最后一样任务就是将革律翁的牛群夺过来。革律翁是个十分强大的巨人，还很富有，他养了一群牛，并且每天让一个巨人和一个长着两个头的狗来看守，赫拉克勒斯杀死了巨人和狗，将最后的任务完成了。等他回来了，欧律斯透斯却说其中有两个任务不能算，所以要补充两件。赫拉克勒首先要得到金苹果。金苹果是被夜神的四个女儿和巨龙看管，赫拉克勒斯找到了金苹果园的地点。

在寻找的过程中，赫拉克勒斯先杀死了凶残的波席列斯国王，再将普罗米修斯解放出来，并且按照普罗米修斯的说法，请夜神阿特拉斯帮助自己，因为阿特拉斯曾经被宙斯惩罚，而赫拉克勒斯代替他受惩罚，所以阿特拉斯答应了他的请求，拿到了金苹果。

然后赫拉克勒斯就要将冥府的看门犬带回来。犬的身上有盘绕着的毒蛇，毒蛇的口水中有剧毒，还长着龙的尾巴。他来到了冥界，又在路上帮助了很多朋友，在和冥王的战斗中最终取得了胜利，将看门犬带了回来。

国王欧律斯透斯很吃惊，他不得不承认赫拉克勒斯很能干。虽然赫拉克勒斯完成了任务，但是他还是喜欢冒险，首先他赢得了剑术比赛，又想要欧律托斯的女儿伊俄勒做自己的妻子，但是国王却拒绝了他的要求。有一次，赫拉克勒斯在暴怒之下杀死了自己的好朋友，他只有将自己放逐，不停地流浪。

流浪了很久，赫拉克勒斯还是沉浸在杀死自己好朋友的悲伤之中，心中的罪恶感始终不能被消除，于是他找宙斯给自己神谕。神谕中，宙斯告诉了他清除罪恶的方法，就是要做满三年的奴隶，还要把自己的卖身钱交给朋友的家人。

于是，赫拉克勒斯将自己卖给了梅俄尼恩女王翁法勒，契约是三年。在这三年中，他又做出了很多丰功伟绩。虽然女王不知道赫拉克勒斯的真正身份，但她却能够看出来，这位奴隶实际上是一位大英雄，于是她决定嫁给这位英雄。其后，赫拉克勒斯沉浸在幸福的生活中，忘记了神灵的教诲。三年过去了，他的罪因为做了三年的奴隶而被免除，他也随之清醒过来，又开始了新的征途。

赫拉克勒斯恢复自由以后，做的第一件事情就是和忒拉蒙以及其他一些勇士一起去特洛伊打仗。他虽然取得了光辉的战绩，但是却没有能够得到一个圆满的结局，原因仍然是赫拉的嫉妒。她让一场风暴袭击了赫拉克勒斯。幸亏宙斯及时将赫拉克勒斯救了。后来，他们来到了国王俄纽斯的领土，赫拉克勒斯爱上了国王的女儿伊阿尼拉公主，可是他又犯下了错误，在宴会上将一个侍女杀死了，所以不得不再次流亡。这一次流亡，让赫拉克勒斯的生命遭受到了前所未有的打击。

水壶上的图记录了赫拉克勒斯在金苹果园的情景。

在流亡的途中，赫拉克勒斯想去拜访一个朋友，这个朋友叫做宇克斯。想要见到他，必须经过一条叫做奥宇埃诺斯的河流，在河中生活的是马人涅索斯。涅索斯爱上了赫拉克勒斯的妻子伊阿尼拉，并将她夺走，赫拉克勒斯将马人涅索斯射死。马人涅索斯临死的时候，让伊阿尼拉将自己的血液涂在赫拉克勒斯的衣服上，他说这样她的丈夫才会永远爱她。伊阿尼拉相信了这样的谎言，于是就收集了他的鲜血。

赫拉克勒斯受到了国王宇克斯的招待，并且还在这个国家生活了一段时间，又一场战役在这个时候发生了，在和俄卡利亚国王欧律托斯作战的过程中，赫拉克勒斯将公主伊俄勒俘虏，并且产生了爱情。当伊阿尼拉知道了这样的事情，马上将收集来的血液涂抹在丈夫的衣服上，还让佣人把这件衣服给了赫拉克勒斯。实际上，马人的血里面有着剧毒，赫拉克勒斯痛苦万分，无奈之中，他来到了山上，生起一堆火焚烧自己。

幸运的赫拉克勒斯没有死去，因为奥林匹斯山上的天神将他救了出来，还让他成为神明中的一个，他最后的妻子就是青春女神赫柏。

六、英雄忒修斯的冒险

埃勾斯和埃特拉所生的儿子是忒修斯，孩子生下来以后，埃勾斯很担心自己的兄弟会加害自己的儿子，于是孩子刚刚出生，他就离开了妻子，并和妻子说好，如果孩子有一天长得足够强壮，甚至能够将巨大的石头搬起来时，就让他将放在石头下面的宝剑取出来，告诉他事情的真相，并让他去寻找自己的亲生父亲。

时光飞逝，忒修斯很快就长大了，非常的英俊和勇敢，于是母亲要他从巨石下面将父亲留下的信物拿出来，还告诉他一切事情的真相。忒修斯知道了真相，马上去寻找父亲，在寻找父亲的途中，他将强盗佩里弗特斯杀死了，然后又将盗贼辛尼斯杀死，大盗斯喀戎和强盗耳库翁都死在他的手中。最后，他还打败了以残酷著称的大盗达马斯特斯，这一系列壮举做完以后，忒修斯终于到达了雅典。

埃勾斯此时已经娶了精通魔法的女人做自己的妻子，这个女人就是美狄娅。当美狄娅知道忒修斯的存在后，就在埃勾斯面前谗言，要埃勾斯将忒修斯除掉，但是埃勾斯还是认出了自己的儿子，于是将美狄娅驱出王国。

忒修斯理所应当地成为了王子，他首先杀掉想要篡夺王位的叔父，然后又将马拉松野牛驯服。这时又到了向克里特国王弥诺陶洛斯敬献七对童男童女的日子了，忒修斯决定为王国除去这一祸患，于是主动要担任童男之一。国王很心疼，他告诉儿子，如果能够幸运地回来，就要把船上风帆从黑色的变成白色的。

因为天神一直眷顾忒修斯，所以忒修斯很容易得到了克里特公主的好感，公主帮助了他，让他将迷宫中的弥诺陶洛斯除掉，忒修斯带着公主一起逃走，神谕又要他在路上的时候，将公主一个人放在荒岛。忒修斯只好遵守神谕，由于他过度悲伤，没有把船上的风帆换成白色的，所以国王看见了黑色的风帆，绝望自尽。

国王的葬礼举办完后，忒修斯成了新国王，他推行了一系列的新政策，议会就是由他建立的，他还规定了节假日，让雅典娜成为国家的守护神。雅典因此而成为一个真正繁荣的城市。而正在国家繁荣之时，又一场战争爆发了。

在忒修斯当国王前，他到过亚马逊河，被当地人盛情款待，爱神用箭射中了他，于是他将美丽的女人希波吕忒带走，并和她结婚。后来，亚马逊人觉得自己的族人受到了欺骗，想要报复，战争就在这样的背景下爆发了。

杀死弥诺陶洛斯的忒修斯。

忒修斯最终取得了战争的胜利，可是王后却在战争中被杀死了，忒修斯为王后树立了庄严的纪念碑。又过了一段时间，忒修斯的悲伤得到了缓解，他又开始了新的冒险。

忒修斯有一个年轻的好友，他也是一位著名的英雄，叫做庇里托俄斯。庇里托俄斯爱上了拉庇泰族的美女希波达弥亚并与之结婚。婚后不久，野蛮的马人欧律提翁爱上了美丽的新娘，想把他抢走，这又引发了一场混战。忒修斯英勇的帮助好友打败了马人，战争胜利以后，他们的友情更加牢固。

但是没过多久，庇里托俄斯的妻子希波达弥亚就死去了，而忒修斯的妻子也去世了很久，于是两个人决定一起去找一个新娘。当他们到达了斯巴达时，就看见了世界上最美丽的女人海伦，他们都爱上了海伦，于是只有抽签决定。最后，忒修斯得到了海伦。忒修斯后来又和好友到了冥界，想将冥后珀耳塞福涅抢走，但忒修斯却被冥王拘禁了起来，幸亏赫拉克勒斯在历险的时候出手相救，不过忒修斯却再也看不见明媚的日光。

当忒修斯回到自己的国家时，他的妻子海伦已被她两个哥哥救走，而厄瑞克透斯的孙子梅纳斯透斯妄图篡夺王位。此时的忒修斯已经是一个老人，他和背叛他的人作战，但是没有打赢，最后只得投奔到斯库洛斯。但他没想到的是，斯库洛斯的国王吕科墨德斯已经和梅纳斯透斯签定了秘约。最终，忒修斯被推下山崖摔死。后来，忒修斯的子孙又得到了王位，百年过去，神谕指示后人将忒修斯的遗骨带回雅典，人们立了纪念碑用来怀念这位伟大的英雄。

七、英雄柏勒洛丰的传奇

城邦科任托斯的统治者是西绪福斯，他为人奸诈狡猾，由于偶然触怒了宙斯，宙斯要他每天把一块石头从山脚一直推到山顶，每当石头快要到山顶的时候，就会滑落下来，西绪福斯就要周而复始地不停地向山顶推巨石。

后来，西绪福斯的孙子柏勒洛丰也犯了错误，他杀了一个人，于是逃亡到了提任斯国，并受到了国王的款待。王后被他吸引，于是去勾引他，他拒绝了王后，王后很生气，告诉国王是柏勒洛丰勾引了自己。国王信了王后的话，就想找人除掉柏勒洛丰，于是他要柏勒洛丰给自己的岳父送秘信，要岳父将柏勒洛丰处死。当柏勒洛丰带着秘信到达目的地后，他又受到了盛大的款待。十天以后，秘信被拆开，国王的岳父不忍心杀害他，于是要他去完成艰难的任务。

首先他要这个年轻人去杀死巨人和巨人的儿子。巨人一部分是狮子，一部分是山羊，还有一部分是火龙，无人能够接近它。神明在梦里告诉柏勒洛丰杀死巨人的方法，要柏勒洛丰先给雅典娜建造祭坛，然后杀一头公牛祭祀波塞冬，再用女神给他的金辔头套在飞马珀伽索斯头上，在空中飞翔，这样就能够避开火焰。柏勒洛丰一一照做，果然杀死了巨人。

第二个任务是攻打索吕默人。索吕默人住在吕喀亚边境，他们善于打仗，经常侵扰国王的领土，柏勒洛丰还是出色地完成了任务。其后他还完成了攻打亚马逊人的任务，国王的岳父发现柏勒洛丰没有在完成任务的过程中死去，只好找来勇士埋伏在他回来的途中，准备杀死他。但是埋伏的勇士也被他消灭了，所以国王的岳父不再想伤害他，因为他觉得一定有神保佑着这个年轻人，于是他将自己的女儿许配给他，又传给他王位。美丽的公主为柏勒洛丰生了两个儿子一个女儿。

又过了很久，神明不再眷顾柏勒洛丰，于是他的长子在战斗中遇难，女儿也被狩猎女神阿耳忒弥斯射死，而他本人因为妄图骑飞马到奥林匹斯山上而被诸神抛弃，他从飞马上跌落下来后，羞愧万分的离去。此后，世间再没有人知道他的行踪。

八、俄狄浦斯的生与死

1. 俄狄浦斯的诞生

底比斯王国的国王拉伊奥斯娶了伊俄卡斯特为妻，但是婚后多年却一直膝下无子。随着时间的推移，夫妇两人愈发着急，盼子心切的拉伊奥斯来到德尔斐的阿波罗神庙，祈求神谕。神谕明示拉伊奥斯不久之后将会得到一个儿子，但不幸的是伴随着孩子的降生，将会有灾难降临到拉伊奥斯身上，因为拉伊奥斯自己曾经犯下的罪，他遭到了神灵的诅咒，他的儿子将亲手杀死拉伊奥斯。

拉伊奥斯知道自己年轻时候犯下的罪是不可原谅的。他抢走了恩人的儿子，导致这个男孩丧生，而男孩正是珀罗普斯和女神阿刻西俄刻所生，丧子的女神愤怒不已，并对拉伊奥斯许下了这个被亲生儿子杀死的诅咒。

从德尔斐归来，拉伊奥斯的心情一直无法平静，神谕所示使他痛苦万分，为了避免不幸的事情发生，此后，他便不再与心爱的妻子同床共眠。可这样反而让夫妻二人的感情愈加深厚。终于伊俄卡斯特有了身孕，孩子出世的时候，拉伊奥斯一看是个男孩，猛然想起了阿波罗神庙的神谕。为了保住性命，不上演儿子弑父的惨剧，尽管夫妇二人再三舍不得刚出生的婴儿，也还是在孩子降生后的第三天忍痛作了决定。

拉伊奥斯找来他最忠心的仆人，命这个仆人用钉子刺穿婴儿的双脚，然后用绳子将孩子捆绑起来，扔到喀泰戎的荒山之下。但是，当看到已经无力挣扎、奄奄一息的婴儿时，仆人的心软了，他的良心让他不能这样残忍地对待一个才刚刚出生三天的婴儿。就在他不知如何是好之际，一位牧人从他身边经过。于是仆人把这个婴儿交给了这位牧人，而牧人是邻国科任托斯国王波吕玻斯的牧羊人。

妥善安排好婴儿以后，仆人回去复命，他向国王拉伊奥斯和王后谎称婴儿已经被丢在喀泰戎的荒山之下，不再会有存活的可能。夫妇两人相信儿子已经死了，虽然难过万分，但因为孩子一死就再也不会杀害生父了，多少也有了一些安慰。他们的日子又恢复到了往日的平静。

那个受托的牧羊人把孩子带回科任托斯，因为孩子的脚被钉子刺穿，便为其取名俄狄浦斯。科任托斯王国的国王波吕玻斯和妻子墨罗佩并没有自己的孩子，于是牧羊人将俄狄浦斯送予了国王和王后。国王看到这个可怜的弃婴，很是心疼，就让妻子好好照顾这个刚生下来就被抛弃的婴儿。墨罗佩像对亲生儿子一样疼爱着俄狄浦斯。对于俄狄浦斯的身世，大家也都刻意隐瞒着。

时间飞逝，转眼间俄狄浦斯已经长成了一个高大的青年，继承王位已是情理之中的事，因为老国王和王后只有他一个儿子。

可是美好的生活并没有尽如人愿，俄狄浦斯，一个捡来的孩子竟然可以成为王位的继承人，这样的幸运谁人不想拥有？很多人也因此嫉妒俄狄浦斯的运气。一天，在宴会上，一个醉酒的科任托斯人借着醉酒发泄出长久以来自己心中的不满。他说俄狄浦斯不过是个捡来的弃婴，根本没有王族血统，不配呆在科任托斯王国的宫殿里，更不配继承王位。俄狄浦斯怒意顿起，但并没有发作，此人的话让他心生疑虑。他来到国王和王后的面前，希望可以从自己父母那得到自己身份的肯定。看着儿子迫切的目光，波吕玻斯夫妇心痛不已，他们竭力使俄狄浦斯不对自己的身份有任何的怀疑。聪明的俄狄浦斯深深感激父母对自己的爱，但是不知为何，心中的疑云一刻也无法离他而去。

为查明身世，俄狄浦斯来到德尔斐的阿波罗神庙。图为神庙遗址。

为了得知事情真相，俄狄浦斯悄悄来到德尔斐的阿波罗神庙，他相信神明一定会告诉他事情真相。他多么希望一直悉心照顾自己的国王和王后就是他的亲生父母，可太阳神的神谕却没有告诉他最想知道的事情，而是让他得知一个可怕的神谕，他将亲手杀死生父，并将母亲娶为妻子。

2. 杀父娶母

阿波罗的神谕让俄狄浦斯痛苦万分，他的父亲——波吕玻斯国王，将会被自己亲手杀死；而他的母亲——墨罗佩王后，将会被自己娶为妻子。上天为什么要将如此残忍又违背天理的荒唐行为降落于自己身上！可是神谕是毋庸置疑的，这让俄狄浦斯惊恐万分。不论如何，他不能再回到科任托斯，绝对不能让杀父娶母的事情发生。只要自己离开，只要他与自己一直深爱着的父母不再见面，神谕的内容就不会成为现实。俄狄浦斯决定前往俾俄喜阿。

俄狄浦斯失魂落魄地行走在前往俾俄喜阿的路上，当他走到一个十字路口的时候，迎面驶来了一辆马车，车上坐着一位年迈的老者，以及车夫和几个随从。俄狄浦斯继续前行，并没有为马车让出路来，车夫大声吼叫着叫他躲开。车夫蛮横的态度惹得俄狄浦斯满腔怒火，他一拳将车夫从马车上打了下来。车上的人见俄狄浦斯如此野蛮，便与其撕打成一团。

那位年迈的老者用马鞭狠狠地抽打俄狄浦斯的头，在王宫里长大的俄狄浦斯还没有被人如此狠狠地打过，他愤怒之极，将老者从马车上打了下来，摔在地上的老者当场就断了气。这位年迈的老者并不是别人，正是俄狄浦斯的亲生父亲拉伊奥斯。

虽然俄狄浦斯杀死了自己的生父，但他一点也不知道真相。他继续前行，并不知自己的悲剧已悄悄拉开了帷幕。

这段时间里，一个怪物出现在底比斯城外。她是巨人堤丰和蛇怪厄喀德娜所生的女儿——斯芬克斯。拥有着美女头的斯芬克斯，如果只看脸部容貌，是一个善良而美丽的女子。但这样的娇容之下却长有狮子的身体。人头狮身的斯芬克斯盘坐在底比斯城门口的一块巨石上，强迫底比斯的居民和她玩猜迷游戏。游戏的规则是：要么将斯芬克斯的谜语猜中，要么就心甘情愿被斯芬克斯吃掉。由于底比斯王国老国王离世，整个底比斯陷入了一片哀痛之中，加上斯芬克斯这个妖怪兴风作浪，全城的居民苦不堪言。大家推举王后伊俄卡斯特的兄弟安菲特律翁当国王，同时希望他能有办法消灭斯芬克斯，解救底比斯人民。但是国王安菲特律翁也拿斯芬克斯束手无策，而且还搭上了自己儿子的性命。于是，焦灼不堪的安菲特律翁张榜公告，许诺将以王位作为回赠，送予可以杀死斯芬克斯的英雄。这个人还可以和他的姐姐，底比斯王国的王后伊俄卡斯特结为夫妻。

此时的俄狄浦斯正巧走到底比斯城下，看到告示便毅然决然准备向斯芬克斯挑战。于是他爬到斯芬克斯经常盘坐的山崖上面，见到了传说中的斯芬克斯。他向斯芬克斯表达了自己愿意和她玩谜语的愿望，并按照事先约定，如果答不出，甘愿被其撕碎吃掉。斯芬克斯自然非常狡猾，她决定给俄狄浦斯出一个自以为最难的谜：早晨的时候四条腿走路，中午的时候两条腿走，晚上的时候三条腿走。

俄狄浦斯和女妖斯芬克斯。

在所有的生命当中，这是惟一的用不同数目腿走路的生命，他用腿最多的时候，却正是速度和力量最小的时候。

可是斯芬克斯没有预料到，这条她认为很难的谜语对俄狄浦斯来说根本不成问题。俄狄浦斯只是撇了撇嘴角，微微一笑，心想：这条谜语的谜底不就是“人”嘛！人幼年的时候，对于漫长的生命来说是早晨，因为他还是个没有力气的孩子，所以腿和手并用，一起在地上爬行，是四条腿走路的时候；当他步入壮年，是人生的中午，身强体壮，是用两条腿走路的时候；而到了晚年，是人生的晚上，身体逐渐衰弱，需要依靠拐杖，就得三条腿走路了。于是，俄狄浦斯慢条斯理地讲出了自己的谜底。

俄狄浦斯凭借自己的智慧一下子就说中了斯芬克斯的谜底，备感羞愧的斯芬克斯纵身一跳，便摔死在山崖之下了。凯旋归来的俄狄浦斯得到了安菲特律翁许诺的王位，并把自己的母亲——底比斯的王后取为己妻，后来又有了四个既是子女又是弟妹的孩子。

3. 寻找阿波罗神谕

在俄狄浦斯的治理下，底比斯王国繁荣发展着，这位善良正直的国王也得到了全体底比斯子民的爱戴。但是没过多久，一场瘟疫降临到了底比斯，任何方法都无法使这场瘟疫得到遏制。在底比斯人看来，之所以有这场灾难，是因为他们做了错事，是神灵要他们弥补过失，于是底比斯王国内的男女老少都聚集到了王宫门前，祈求国王俄狄浦斯再次保佑他们渡过难关。

俄狄浦斯走出宫殿，见子民们怨声载道，便找来祭司询问究竟是怎么回事。祭司把城内的灾难向俄狄浦斯禀报：现在瘟疫四处蔓延，人民苦不堪言，大家忍受不了病痛的折磨，便来祈求万能的国王。大家相信，国王能把他们从斯芬克斯的口中救出来，也能从瘟疫中拯救出他们。

俄狄浦斯沉重的叹了口气，人民的苦难是他最关心的事，于是他派安菲特律翁去德尔斐寻找阿波罗的神谕，从而寻找拯救王国的办法。去寻找神谕的安菲特律翁没过多久就回来了，他当着全城老少的面回禀国王阿波罗神的神谕。神谕暗示底比斯王国国内存在罪孽深重者，这个人就是杀害老国王拉伊奥斯的人，必须将这罪孽之徒驱赶出去，只有这样人们才能摆脱瘟疫的痛苦，否则整个城市必将毁灭。

无论如何，俄狄浦斯都想不到自己就是杀害老国王的凶手，于是在仔细聆听了老国王的死因之后宣布，一定要亲自严惩杀害老国王的凶手，然后他劝说聚集起的民众先回家，并保证一定会给大家一个交待。随后他又昭告全国，无论是谁，只要知道是谁杀害了老国王，必须马上报告，如有丝毫隐瞒，视同包庇，禁止参与一切祭祀活动，并且受到全国人民的孤立。而这个犯罪人不管是谁都将严惩不贷。他还派人去找预言家——盲人忒瑞西阿斯。

忒瑞西阿斯在一个孩子的带领下来到了全体百姓和国王面前，俄狄浦斯把国内面临的灾难告诉了他，请忒瑞西阿斯帮忙找到杀害老国王的凶手或者提供线索。听完此事，忒瑞西阿斯发出一声发自内心最深处的叹息，他向俄狄浦斯推辞，表达了他不愿意带给那个人灾难，并恳请俄狄浦斯允许他离开王宫。

俄狄浦斯大怒，在他看来，忒瑞西阿斯这种知情不说的行为就同包庇是同罪，于是他威胁道：如果不说出凶手是谁，就将其定为凶手的帮凶。在俄狄浦斯的一再威逼下，忒瑞西阿斯不得不道出事情的真相，指出俄狄浦斯就是杀害老国王的人，又和自己的亲生母亲过着罪不可赦的婚姻生活，是俄狄浦斯本人带给了整个底比斯王国深重的灾难。

俄狄浦斯顿时暴怒，认定这一定是忒瑞西阿斯弥天的谎言，甚至怀疑是安菲特律翁和忒瑞西阿斯一起合谋想要乘机篡夺他的王位。对于俄狄浦斯的暴跳如雷，忒瑞西阿斯没有作任何争辩，只是牵着孩子的手，缓缓走出了王宫。安菲特律翁则大怒，与俄狄浦斯争吵起来。伊俄卡斯特站了出来，讲出了她之前与老国王只生下过一个男孩，但是刚一出生便被捆绑了手脚，弃于荒山。而老国王是在一个十字路口被强盗所杀，所以忒瑞西阿斯的预言根本就是谎言，是不可信的。

但是听到伊俄卡斯特言词的俄狄浦斯却突然紧张起来，要伊俄卡斯特肯定老国王是在十字路口被杀，并确认了老国王的相貌。俄狄浦斯感到越来越惶恐，他预感到这可怕的预言可能已经成为了现实，自己很可能就是杀害老国王的凶手。如果预言真的变成了现实，那么他已经杀死了他的亲生父亲，他现在的妻子，则是生他的母亲。于是他派人四处寻找当年的老仆人，原来这个老仆人看到新登上王位者就是杀害老国王的人，便离开了这个城市，到最边远的基泰隆山为老国王放牧去了。

可就在俄狄浦斯派去的人还没有找到那个幸存的老仆人时，却等来了科任托斯的使者。科任托斯的使者向俄狄浦斯报告说他的父亲波吕玻斯病逝了，要他回去继承王位。这一消息坚定了伊俄卡斯特认为俄狄浦斯是科任托斯国王波吕玻斯之子的想法，于是她如释重负。

但此时的俄狄浦斯却不愿回到科任托斯继承王位，因为他想到了神谕的另一半，娶母为妻令他不寒而栗，他只能长久留在底比斯，在神谕的预言下寻找最后一丝希望。然而科任托斯来的使者却破灭了他最后的希望，因为他正是当年从拉伊奥斯的仆人手中接过俄狄浦斯的那个牧人。他说明了俄狄浦斯并非是科任托斯国王波吕玻斯的亲生儿子，而是养子。

那位年迈的老仆人从遥远的基泰隆山被召回来了，但他却一言不发，已经接近崩溃的俄狄浦斯以死相逼，终于令他道出了当年因为心疼那刚出生的婴儿，便将他交给了科任托斯使者的事情。伊俄卡斯特听到这里，绝望地痛哭起来，她一个人向宫殿深处走去。

终于真相大白了，俄狄浦斯就是国王拉伊奥斯和王后伊俄卡斯特的儿子。可怕的神谕已经成为了现实：他亲手杀死了自己的生父，并娶了自己的生母为妻。这恐怖得令人窒息的预言终于变成了无法更改的现实。

4. 刺瞎双眼的俄狄浦斯

面对残酷的事实，俄狄浦斯无言以对，他只能在内心怨恨当年那善良的仆人，为什么要让他这个无辜的婴儿继续留在世上，为什么没有当时就将他杀死，为什么不能让他清清白白地死去，为什么要让他背上这弑父娶母的罪名。他在王宫里踉踉跄跄地左冲右撞，走进内宫时，却看见伊俄卡斯特已经自尽而死。俄狄浦斯痛苦地站立了很久，他盯着这既是自己的母亲，又是自己的妻子，现在却已经不存于世的死者，眼泪顺着他的脸颊不断地流下，他痛哭着走上前去松开绳索，把尸体平放在床上。然后从伊俄卡斯特的衣服上取下金质的胸针，毅然决然地刺瞎自己的双眼。他痛恨自己，也痛恨眼前这残酷的现实。

他让仆人打开宫门，引他走到市民面前，他要向他的子民承认自己的罪过，自己是杀害亲生父亲的人，还罪恶地娶了亲生母亲为妻，他是神谕诅咒里那罪恶之徒。

对于这位曾经拯救整个底比斯王国，并被其子民爱戴和尊敬的国王，底比斯的子民们并没有因为他的罪嫌弃他，他们对他表示深切地同情。安菲特律翁把遭遇如此不幸，被神灵惩罚的俄狄浦斯带进王宫。此时，万念俱焚的俄狄浦斯被深深地感动了，他将王位交给安菲特律翁，并拜托他照顾自己还年幼的子女。此外，对他不幸的母亲，他请求建造一座坟墓，可以将母亲好好安葬。至于自己，他决定把自己放逐到父母曾经遗弃他的喀泰戎山，一切生死听从神灵的指示。他要离开这块被他玷污了的土地。

最后，他把女儿叫来。用手抚摸着她们柔软的头发，他要在内心深处记住这两个可爱的女儿的模样。他诚心祷告，祈求神灵可以重新庇护底比斯王国，底比斯王国的子民可以重新得到神的福佑。

曾经的英雄，昔日的国王，如今只能带着失明的双眼离开他曾经引以为自豪的国土，离开他最至亲至爱的人。在知道了一切真相以后，如果他可以立即死在全体子民的手中，他将感到万分庆幸，但子民们现在并没有痛恨他，于是已经决心自我放逐的想法就有了变化，他希望能够得到子民的原谅，并留在已经习惯了居住的底比斯王国。

双目失明的俄狄浦斯。

自己是在不知情的情况下犯的罪恶，应该可以得到赦免，就算是惩罚，自己已经双目失明，伊俄卡斯特也已经自尽离世。他认为这样的结果应该可以抵消他无意犯下的罪过。于是，他把想留在家里的想法对安菲特律翁和两个儿子埃忒奥克勒斯和波吕涅克斯说了。但是，之前对他关心挚爱的安菲特律翁已经改变了，对王位已经垂涎已久的两个儿子也变得冷漠无情。曾经对他同情的底比斯人民也要求俄狄浦斯尽快离去，以免再次惹起神怒，给底比斯人民带来灾害。安菲特律翁和俄狄浦斯的两个儿子给了他一根拐杖，把他从王宫中赶了出去。好在还有两个女儿心疼自己的父亲。小女儿伊斯墨涅继续留在宫中，大女儿安提戈涅则陪同父亲一起走出了王宫，开始了自我放逐的生活。她牵着已经双目失明的父亲，四处流浪，忍饥挨冻，风餐露宿，品味了人生无尽的艰难和困苦。

绝望的俄狄浦斯本来打算死在喀泰戎山的荒野上，但他是神的忠实信徒，没有神的吩咐，他不敢轻易死掉。于是他继续翻山越岭，来到德尔斐请求神谕。这是他命运的又一个转折点，俄狄浦斯在这里得到一则使他感到有些振奋的神谕：无意违犯天伦，必须经受惩罚，但终有一天，复仇女神将会解脱他。

5. 赎罪与死亡

俄狄浦斯凭借着神谕赐予他的力量，在女儿的陪同下，在希腊境内到处流浪。流浪的生活使他对生活毫不奢求，历尽艰辛也无怨无悔。不知过了多少个春夏，一天傍晚，俄狄浦斯和他的女儿走到了一个幽静的村庄。夜莺在这里转喉鸣唱，葡萄藤散发着一阵阵令人迷醉的醇香，微风轻拂，桂树枝和橄榄枝在风中轻轻摇曳。俄狄浦斯感觉到从未有过的平和与安详。原来，他们已经离雅典不远了。

一个村民向他们走来，他告诉俄狄浦斯这里是库洛诺斯——复仇女神的圣林。俄狄浦斯知道，自己的苦难流亡日子就要宣告结束了，他请求村民带话给这个国家的国王，说他想见国王。

村民见俄狄浦斯虽然瞎了双眼，但是面容威武高贵，于是决定将俄狄浦斯的要求禀报国王。俄狄浦斯伏在地上，虔诚地向复仇女神祷告，请求她给予自己宽恕。

不久，村里的人们围聚到了俄狄浦斯这里来，他们都听说有一位拥有高贵气质的瞎子来到了复仇女神的圣林，并想要会见他们伟大的国王。有些老人怕俄狄浦斯这样闯进复仇女神的圣地会招致神怒，便劝其赶紧离去。就在这时，安提戈涅看到一位美丽典雅的姑娘骑马向他们走来，竟然是妹妹伊斯墨涅。

伊斯墨涅带来了令人意想不到的消息，消息是有关底比斯王国现状的。原来俄狄浦斯的两个儿子由于王位再起事端：起初由于他们家族的困境迫使他们不得不将王位交给舅父安菲特律翁，但是后来他们又后悔不该将自己的王位相让予外人，便企图夺回。大儿子波吕涅克斯先登上王位，却引起了二儿子埃忒奥克勒斯的嫉妒，于是带领民众叛乱，并将哥哥逐出了王国。波吕涅克斯到了亚各斯，并成为了国王德拉斯托斯的女婿，准备带领亚各斯士兵重新将王位夺回。神谕暗示：底比斯王国如果没有俄狄浦斯，其儿子将一事无成，必须寻回俄狄浦斯，无论死活。

伊斯墨涅是在安菲特律翁之前赶到了这里，因为安菲特律翁想要挟持俄狄浦斯回底比斯王国，这样才能满足神谕的要求，有利于他们统治王国的需要，又不至于亵渎底比斯王国。他们只是想要满足自己的权欲，甚至俄狄浦斯死了以后都不会葬在底比斯的土地上。面对被私欲占满了头脑的儿子，俄狄浦斯心中将永远不能原谅他们，他坚信神会永远与这两个不孝的儿子为敌。现在所占据王位的埃忒奥克勒斯应该将王位让出，被驱逐出去的波吕涅克斯也不应该返回底比斯的土地。而忠实的孩子只有他的两个女儿，他诚心地祈求神灵不要将自己的罪孽牵连于她们，并恳请神灵给予她们保护。

对这位失明的四处漂泊的老人，村民们都深表同情。这时，忒修斯闻讯赶来，友好地走近俄狄浦斯，从俄狄浦斯戳瞎的双眼，他已经知道站在面前的是什么人。对于俄狄浦斯的不幸遭遇，忒修斯感到万分同情。他关切地向俄狄浦斯询问对于这个城市以及他本人有什么要求。经过简短的了解，忒修斯感到了俄狄浦斯高尚的心灵，而俄狄浦斯也知道自己遇到的忒修斯拥有着崇高的灵魂。但忒修斯万万没有预料到俄狄浦斯所说的请求就是把自己已经疲倦的身体埋葬在忒修斯的国土内。在忒修斯看来，俄狄浦斯的这个要求是如此的微不足道，可俄狄浦斯却仅有这一个要求而已。但是将俄狄浦斯的身体埋葬在国土之内必将导致忒修斯卷入一场战争。

俄狄浦斯把自己的遭遇从头至尾仔细地讲给忒修斯，包括自己被放逐的前后经历，以及现在不孝的儿子们要逼他回去的事。最后，他再次恳求忒修斯给他帮助。

忒修斯是个智慧而伟大的国王，他的王国之门对于任何朋友都是敞开的，包括俄狄浦斯在内。他询问俄狄浦斯，是跟他一同回雅典，还是留在库洛诺斯。俄狄浦斯选择了后者，因为神谕的指示决定他应该在这里战胜敌人，然后结束自己的生命。忒修斯答应他会提供给俄狄浦斯保护及帮助。

在忒修斯的保护下，即使安菲特律翁带着武装的随从也没能把俄狄浦斯带离库洛诺斯，并且把已经掳走的俄狄浦斯的两个女儿安然无恙地送了回来。而大儿子波吕涅克斯虽然只身前来，泪流满面，表达了他对自己曾经的愚蠢行为感到万分悔过，但终因目的是要俄狄浦斯助他战胜自己的弟弟，而没有得到俄狄浦斯的原谅。

面对儿子的种种恳求和诱惑，俄狄浦斯最终坚守了自己的意念，诅咒他们将要遭到神的报复，战死在血泊当中。而此时他的生命也越来越接近终点了。一天，晴朗的天空突然响起了隆隆的雷声，这震耳的雷声让整个大地都为之震动。俄狄浦斯听到这来自上天的声音，知道这是宙斯对自己的召唤，于是他派女儿请来忒修斯。当忒修斯赶来的时候，大地已经沉浸在一片黑暗之中了。

俄狄浦斯首先感谢忒修斯对自己这段时间的保护，并衷心地祝福雅典城。然后，他要求忒修斯按照神的指示，陪他到他可以死的地方去，这个地方只能由忒修斯陪同前去。他强调在他死的时候不容许任何人的手指触碰到他，而且在他死后，他死的地方将不能被任何人知道，这样可以保护雅典城，帮助抵御敌人的侵入。只有在忒修斯临死的时候才能将他埋葬的地方告诉给他的继承人，以后依然是一代传一代，这样雅典城就可以成为千军不破之城。

在女儿和库洛诺斯村民的陪同下，他们走进复仇女神的圣林，这个一直由女儿带路的盲人却突然像得到神灵的引导一般，一路走在前面为大家带路。当他们走到圣林深处时，顿时大地裂开，传说中通向冥界的入口呈现在眼前。俄狄浦斯在一块巨大的石头面前停了下来，洗去了身上的污垢，换上了整洁的衣服后，他把女儿叫了过来，深深地拥吻两个已经泣不成声的女儿，今日的离别将成为永远，压在孩子身上的重负也将永远的不复存在了。

这时又响起了震耳的雷声，俄狄浦斯放开怀中的孩子，把她们的双手交放到忒修斯的手中，忒修斯心领神会地点了点头。然后，俄狄浦斯吩咐除了忒修斯，所有的人都转身离去。两个女儿一边痛哭一边慢慢移动着脚步，当她们突然转身想要再看一眼父亲时，父亲却早已消失无踪，只有忒修斯站在那里，用手掩着眼睛。他虔诚地跪地祷告，祈祷后，他带着两位姑娘回到了雅典。

九、阿尔戈英雄的远征

1. 伊阿宋寻找金羊毛

弗里克索斯是奥尔科梅诺斯国王阿塔玛斯的儿子，他的父亲在娶了云神涅斐勒之后将涅斐勒抛弃，又娶德摩斯的女儿伊诺为妻。后母伊诺生有阿尔科斯和墨利克尔忒斯，于是对于丈夫前妻的两个孩子弗里克索斯和赫勒百般刁难。她暗地里将种子烤熟，然后让人种到地里，阿塔玛斯发现谷苗没有发芽，便派人去祈求神谕。伊诺又命人谎报说只有将弗里克索斯献予宙斯，庄稼才可以长出来。就当阿塔玛斯想要杀掉弗里克索斯的时候，涅斐勒为了搭救自己的儿子，在牧神赫耳墨斯的帮助下，用一只拥有双翼遍体金毛的金毛羊救走了姐弟俩。途中，姐姐赫勒从金毛羊的背上坠落下去，掉在海里淹死了。掉落的那片海从此就被称为赫勒斯滂。弗里克索斯则如预料的一样，平安地到达了黑海沿岸的达科尔基斯，到达那里后，他杀金毛羊祭献宙斯。

弗里克索斯受到了国王埃厄忒斯的热情接待，并娶了国王的女儿卡尔契俄柏为妻。为了表示自己的感谢，弗里克索斯便把金毛羊的羊毛献给了国王埃厄忒斯。埃厄忒斯又将金羊毛敬献给了战神阿瑞斯。从那时起，金羊毛便在阿瑞斯的圣林里了。为了保证金羊毛不被偷走，埃厄忒斯派一条巨龙日夜不眠地守卫。

伊阿宋原本应该继承父亲的王位，成为奥尔科梅诺斯王国的国王，但是现在的国王阿塔玛斯却篡夺了不应属于他的王位。一方面因为阿塔玛斯知道神谕，金羊毛和他的生命紧紧地联系在一起，另一方面，他想要置伊阿宋于死地。于是便想出了让伊阿宋去取回这件宝物的主意。不料伊阿宋真的同意了，答应完成这次生命的冒险。

伊阿宋召集了全希腊最著名的勇士们共同参加这一历险。他们乘坐着建筑师阿尔戈用在海水里不会腐烂的木头建造的一条超级华丽的大船——“阿尔戈”号，启程前往金羊毛的所在地。

船上的指挥是伊阿宋，其他船员还有著名的英雄赫拉克勒斯、提费斯、林扣斯、阿喀琉斯的父亲佩琉斯、宙斯的儿子卡斯托耳、埃阿斯的父亲忒拉蒙、波吕杜克斯、涅斯托耳的父亲涅琉斯、阿德墨托斯、墨勒阿格尔、俄狄浦斯、阿特罗

伊阿宋站在国王阿塔玛斯面前，接受了盗取金羊毛的冒险任务。

克洛斯的父亲墨诺提俄斯，后来当了雅典伟大君王的忒修斯和庇里托俄斯，还有赫拉克勒斯的朋友许拉斯，波塞冬的儿子奥宇弗莫斯以及小埃阿斯的父亲俄琉斯。另外，这次远航的保护神为雅典娜和波塞冬。启航前，所有的英雄都给伟大的天神敬献了祭品，祈求他们的庇护。英雄们精神抖擞，第二天就被一阵暴风送到了雷姆诺斯岛的港口。

雷姆诺斯岛位于爱琴海上，以前这个岛屿上的女人由于不向爱和美的女神阿芙罗狄忒奉献祭品，因此惹怒了阿芙罗狄忒，阿芙罗狄忒使这些女人的身上散发出一股怪味。因此他们的丈夫纷纷跑到附近的色雷斯岛，并且从那里带回了许多外乡女子。愤怒的妇女们几乎杀死了岛上所有的男人，只有国王托阿斯幸免遇难，被女儿许普西皮勒藏在木箱里，置于大海上漂流求生。

自那以后，雷姆诺斯岛上就再也没有男人了。留在岛上的妇女担心色雷斯人会来雷姆诺斯岛复仇，因此总是怀着戒备的心理在岸边向远处的海里眺望。这一天，她们看到阿尔戈号以飞快的速度靠岸，便立刻全副武装，严阵以待。

阿尔戈的英雄们看到海岸上的妇人，觉得非常奇怪，便友好地派出一位使者，去拜见女王许普西皮勒。使者礼貌地转达了阿尔戈英雄们的请求，对于阿尔戈号的到访，女王立刻召开了会议。一个老妇人建议为了以后的生活应该不要错过这个机会，把岛上的一切交给阿尔戈号上的男人，让他们来治理这个岛屿。

老人的建议得到了大家的一致赞同，英雄们也都非常高兴。伊阿宋将雅典娜赠送的紫色斗篷披在身上，走向女王的宫殿。侍女一直把他领进了女王的内室。女王许普西皮勒第一眼就相中了英俊、魁梧的伊阿宋，她低垂着头，脸颊一片红晕。许普西皮勒温柔地向伊阿宋介绍了岛上没有男人的概况，但是没有说出男人是被岛上的妇女杀死的，只是说岛上的男人背叛了她们，没有一个例外的抛弃了她们。所以，雷姆诺斯岛的全体妇女们都希望阿尔戈号上的男人们可以留下来。而对于伊阿宋本人，许普西皮勒还愿以王位相让。

伊阿宋欣然接受了女王的招待，但是拒绝了王位，因为他们还有更重要的任务等待完成。随后，妇女们带着大量的礼物迎接船上的英雄们。所有人都兴高采烈地跟随着妇女们下了船，享受快乐的时光。只有赫拉克勒斯生来对女色没有任何感觉，便和少数几个水手留在船上。

整个雷姆诺斯岛出现了久未有过的喜庆景象，这景象因为阿尔戈号的到来而久久不散，他们祭拜神灵，终日歌舞，时间一晃就过了一年多。终于赫拉克勒斯忍无可忍，下船找来同伴，催促他们抓紧时间动身。众人这才意识到自己的过失，便默默收拾好行李，准备出航。城里的妇女们无论如何请求都无济于事，只能含泪告别。许普西皮勒也泪流满面走上前来，只希望伊阿宋可以将他记在心里。后来，许普西皮勒还生下了伊阿宋的两个孩子。

英雄们离开雷姆诺斯岛，经过了赫勒斯滂海峡，来到了弗里吉亚海岸。那里有一座基济科斯岛，上面住着多利涅斯人。岛上有一座熊山，住着野蛮的土著巨人，这些巨人有六条胳膊，凶恶异常。

2. 赫拉克勒斯的离开

多利涅斯人是海神波塞冬的子孙，由于海神的保护，他们不会受到巨人的侵犯。在阿尔戈号到来前不久，岛上年轻的国王——虔诚的基济科斯听到过神谕，指示要友好地接待海上来的高贵英雄，万不可发生冲突。国王热情地款待了他们，送上佳肴和美酒并给他们指出了到达目的地的正确路线。两天后，就在大家观察这座岛在海上的方位时，一群巨人突然出现，并用巨大的石块堵住了港口，不让船只进出。不愿上岸的赫勒克勒斯仍旧留在阿尔戈号上，而船就停在港口，他看到来了巨人来侵犯，便立刻搭弓射箭，将巨人一个不剩地射死在海里，阿尔戈英雄取得了胜利。他们在再次向国王表达了感谢以后，扬帆起航，开始了接下来的航程。

夜里，海风转了向。阿尔戈英雄们被大风吹回到了多利涅斯海岸。多利涅斯人被岸边吵闹的声音惊醒，纷纷拿起武器保卫自己的国土，他们并不知道，这就是白天还在一起欢聚的朋友。不知身在何处的英雄们也全力奋战，双方展开了厮杀。勇猛的伊阿宋亲手把长矛刺入了热情款待他们的国王基济科斯的心脏。多利涅斯人战败而归。第二天，太阳如往日一样地升起，双方这才知道原来是一场可怕的误会。

看到年轻的国王倒在血泊之中，所有人的心中都充满了无限的悲痛。国王的妻子克利特也因悲伤过度而死亡。基济科斯的死亡引起了地母基伯勒的暴怒，接连三天，阿尔戈的英雄们都在为基伯勒献上祭品，以平息她的怒气。安葬死者以后，他们才又扬帆出海了，但是悲痛的心情却难以抚慰。

在海上航行了一段时日以后，英雄们开始自娱自乐，举行划船比赛，赫拉克勒斯奋力划桨，结果将船桨划断，英雄们不得不在就近的米西亚登陆。米西亚人民提供给了英雄们丰盛的饭菜，英雄们和他们一起欢聚。赫拉克勒斯厌恶一切舒适的享受，于是离开同伴独自一人走到树林深处，准备寻找一棵结实的树，制作一把更好的船桨。

发现赫拉克勒斯不在，他的好友许拉斯便去往树林里寻找。两个人的关系说起来还有一段渊源：赫拉克勒斯在讨伐德律约时杀死了许拉斯的父亲，便把年幼的许拉斯领回来抚养，而且把他当作自己的朋友，因此两人交情甚好。许拉斯找到赫拉克勒斯，便到泉边去为他打水。到了泉边，许拉斯弯下腰，水中的宁芙女神佩盖被他的英俊容貌迷住了，突然伸出手臂，把他拖入水中。在旁边等候赫拉克勒斯的波吕斐摩斯，就在泉水附近，听到许拉斯的呼救声，急忙寻声而来，却已不见许拉斯的踪影。赫拉克勒斯也急忙从树林里出来，朝泉边奔去，但却只听得见自己悲凉的呼喊声。

赫拉克勒斯和波吕斐摩斯还留在树林里的泉水旁时，其他的水手们已经起航出海了。就在大家愉快地享受月色的时候，突然有人发现波吕斐摩斯和赫拉克勒斯没有上船。于是大家开始激烈地争论：回去找，会耽误航行，况且风向不利；继续航行，却要留下亲爱的伙伴。领队者伊阿宋不发一言，只是忧心地坐在那里。忒拉蒙沉不住气了，怒气冲冲地认为是伊阿宋怕赫拉克勒斯比自己本领强，而被夺去了荣誉，并愤怒地想要独自回去寻找还没有上船的伙伴。要不是卡莱斯

非凡英雄神赫拉克勒斯。

和泽忒斯强力阻止，他真的会扭转提费斯的手逼迫大家将船驶回去。就在此时，海神格劳科斯从浪花淘淘的大海中升了起来。他用强劲有力的大手按住船尾，告诉他们赫拉克勒斯等注定不能参加他们的历险之旅。宙斯还有另外的愿望，他的命运被安排了另外一番事业；而许拉斯已经得到了宁芙女神的爱恋，将他抢去了。赫拉克勒斯是因为找不到许拉斯才留下来的；而波吕斐摩斯还要有他在岛上的一番经历。说完，格劳科斯又从他升起的地方慢慢沉了下去。

忒拉蒙惭愧地走到伊阿宋面前，为他的不理智恳求伊阿宋的谅解。两人和好如初以后，水手们开始了他们接下来的航行。

3. 菲纽斯的预言

第二天，阿尔戈英雄们来到一个半岛附近。这里是阿密科斯王国，伯布律克斯人居住在这里。国王阿密科斯是海神波塞冬的儿子，他生性暴虐好斗，如有外乡人经过他的国土，必须和他比赛拳击。但是，路过人的性命往往都断送在他的手里。阿尔戈英雄也受到了同样的待遇。刚一上岸，阿密科斯就朝他们走去，用挑衅的口吻向英雄们叫嚣。

阿尔戈英雄当中，有个著名的的拳击手叫波吕杜克斯，他是宙斯和勒达的儿子。波吕杜克斯答应了阿米科斯的挑战。波吕杜克斯随便从国王的一个奴仆手中拿过了一副拳击皮具，让朋友帮忙套在了手上，阿米科斯国王也装备完毕，拳击开始了。

阿米科斯铆足劲朝波吕杜克斯奋力冲来，波吕杜克斯巧妙地躲过，没有让拳擦到身上。刚一个回合，波吕杜克斯就发现了对手的弱点，于是挥去重重一拳。阿密科斯被打中头骨，当即毙命。

伯布律克斯人急忙冲上前来，围住波吕杜克斯。他们挥着棒棍，尖声惊叫。阿尔戈的英雄们也奋起迎战。经过一场血战，伯布律克斯人战败而归，向城里逃去。英雄们抓走大量牲口，带回到船上。夜晚，他们在岸上，向神献祭，奥尔普斯弹着竖琴，大家通宵畅饮欢歌，就连岸边的浪花也在倾听他们的快乐。

又是一天清晨，阿尔戈英雄们离开阿密科斯王国，不久便来到了博斯普鲁海峡，英雄阿革诺耳的儿子菲纽斯曾被太阳神授予了预言的本领，但是他没能很好地运用，遭到了神灵的惩罚，突然双目失明了。

不仅如此，阿波罗还派遣美人鸟们夺走他的美餐。美人鸟原来是拥有美丽外表的女子，但后来却变为样貌丑陋，浑身散发着恶臭，长着妇人头、鸟身子的美人鸟。它们抢走菲纽斯面前的饭菜，食用不了的也绝不留给菲纽斯，而是将它们全都打翻在地，使菲纽斯再无法食用。神谕暗示菲纽斯：北风神波瑞阿斯的儿子和希腊英雄乘着船到来的时候，他就获救了。于是他一直盼望着这一天的到来。

终于迎来了阿尔戈号，瘦骨嶙峋的菲纽斯已经衰弱得走路都非常艰难。当他来到阿尔戈英雄们的面前时，一下子就晕倒在地。等他苏醒过来以后，便开始恳求他的救星们。他讲述了自己的身世：他是一个希腊人，阿革诺耳的儿子，过去也是一个国王。之后又讲述了他是怎样触犯了神灵，导致双目失明，而且还有可怕的怪鸟抢劫他的食物。他知道他们中间一定有波瑞阿斯的儿子，就是克勒俄帕特拉的弟弟，和他还有着妻弟的关系，希望能得到这位英雄的帮助。

波瑞阿斯的儿子泽忒斯听到这里，立刻答应了他的请求，并请他的兄弟们帮忙。他们为菲纽斯摆下一桌盛餐，就在他刚要动口之时，两只美人鸟突然从空中扑下来，啄食了他的美餐，并把剩余的食物糟蹋得哪里都是。英雄们大喝，可是它们仿若听不见，仍然糟蹋食物，然后又急速飞上天空，留下一片恶臭。泽忒斯和卡莱斯拔剑便追，宙斯曾经借给他们双翼，并赋予他们无穷大的力量。就在几乎伸手就能抓住它们的时候，女神伊里斯出现了，阻止他们停下来，并保证这些怪鸟再也不会折磨阿革诺耳的儿子菲纽斯了。

泽忒斯和卡莱斯听到这话，放心地返回到陆地上。与此同时，希腊的英雄们已经为年老的菲纽斯再次准备了丰富的食物，这位饿得奄奄一息的国王多少年来第一次可以吃到这样洁净而美味的食物。酒足饭饱，到了夜晚，国王菲纽斯为了感谢英雄们，便给他们说了一个预言。

他讲述了英雄们途中还会遇到什么危险，以及最后如何得到金羊毛。听了老人的话，尽管是最英勇的战士，水手们还是出了一身冷汗，不寒而栗。他们仔细地聆听着，希望不要漏掉了任何一个细节。

告别了菲纽斯，阿尔戈的英雄们冒险之途又开始了。海上西北风突起，连续十天他们都无法加速前进，水手们就向奥林匹斯山的十二位主神祈祷，终于得到天神的保佑，方可加速航行。没多久，他们听到远方传来雷鸣般的巨响，整个大海好像都在为之震动，这就是所谓的“撞岩”。

“撞岩”是通往金羊毛所在地的一处险要通道，是海面上浮动的两座巨大峭壁时而相聚时而分离造成的。伴随着巨大的响声和海浪的呼啸，提费斯在舵旁细心观察，把稳船舵。按照菲纽斯的说法，欧斐摩斯手托一只鸽子。两座巨岩刚刚分开的时候，欧斐摩斯急忙放出鸽子。菲纽斯预言，只要鸽子能够从两座撞岩间飞过，那么他们必然也可以做到。

大家摒住呼吸注视着，鸽子飞到撞岩中间的时候，两座巨岩便开始互相靠近。海水掀起巨浪，两座巨岩已经越来越近了，鸽子仍然奋力扇动翅膀，终于飞了过去，合上的岩石夹下了鸽子尾巴上的几根羽毛。于是，水手们高声呐喊着，提费斯一声令下，趁着巨石就要分开之际，奋勇向"撞岩"划去。海水的引力一下子把船吸了进去，船随着水流急速向前，水手们几乎失去了控制方向的能力。巨浪排山倒海似的向他们压来，英雄们急忙奋力划桨。这时候，提费斯下令停止摇桨，巨浪便翻滚着冲入船底，将船高高托到了巨岩上面。凭借着巨浪的浮力，水手们用尽浑身力气，使船可以以最快的速度前进。可是一股漩涡的引力又把船向撞岩中间引去，眼看船身就要撞毁在岩石上。多亏雅典娜一直暗中保护着英雄们，在危急时刻悄悄推了一把，岩石只擦坏了船尾的几块木板。木板被压得粉碎掉进海里，一瞬间就消失得无影无踪了。

一切又都恢复了平静，水手们舒了一口气，真觉得自己就像是刚从地狱里逃出来似的。伊阿宋有些自责，因为他的原因，使得这些英雄们刚才险些丧命。提费斯则用菲纽斯的预言安慰他，菲纽斯曾经说：过了"撞岩"，他们就安全了。英雄们重振士气，继续前进。途中，提费斯由于操劳过度不幸身亡，水手们安葬了他以后推举安凯奥斯为新的舵手，安凯奥斯也和提费斯一样，拥有经验且认真负责。他们又经过了无数奇异的地方，拜访了很多岛屿，绕过了阿瑞斯的后代阿玛宗仁的国度，吓走了羽翎如箭的恶鸟……最后，终于到达了目的地科尔基斯。

4. 埃厄忒斯和美狄娅

当英雄们抵达科尔基斯后，赫拉和雅典娜便来求助爱情女神阿芙罗狄忒，请她给予伊阿宋帮助，因为只有美狄娅才可帮助伊阿宋度过此关。阿芙罗狄忒欣然同意，其子埃罗斯奉命即刻前往科尔基斯。

清晨，伊阿宋持着赫耳墨斯的和平杖，在途中遇到的弗里克索斯的四个离家的儿子的带领下，同忒拉蒙和奥革阿斯离开大船，一起前往拜访国王埃厄忒斯。

赫拉为了保护伊阿宋和他的同伴们不被王国居民发现，降下浓雾把他们遮掩起来，一直到他们进入宫殿。宫殿的壮观雄伟让英雄们惊讶不已，特别是眼前四股常流不息的喷泉：一股喷出的是牛奶，一股喷出的是油脂，一股喷出的是葡萄酒，最后一股喷出来的是冬暖夏凉的泉水。这是工匠神赫淮斯托斯为了感谢太阳神在与巨人之战中救出了他而赠送的礼物。此外，他还送给了埃厄忒斯的父亲太阳神口中喷火的铜牛和坚固的铁犁。

埃厄忒斯的小女儿美狄娅是赫卡忒神庙的女祭司，她平常都呆在神庙中，但这天早晨，赫拉的暗示使她留在了宫中。她见到伊阿宋一行人，不禁惊叫了一声。美狄娅的姐姐卡尔契俄柏听到叫声，急忙赶出来，却突然欢叫起来，因为眼前站着自己的四个儿子，他们紧紧地拥抱在一起。

国王埃厄忒斯和王后厄伊底伊亚也闻声赶到，并准备以盛宴款待伊阿宋等人。就在大家忙碌的时候，小爱神悄无声息的从箭袋中抽出一支金箭，蹲在伊阿宋的身后，瞄准国王的女儿美狄娅，金箭直射美狄娅的胸口。美狄娅顿时觉得心口一阵灼热，她深深吸了一口气，就在她抬头之际，正巧看到对面的伊阿宋。

宴席间，埃厄忒斯向身边的外孙打听伊阿宋他们的来历。弗里克索斯的儿子如实相告，讲述了他们为了金羊毛，历尽千辛远道而来的经过。国王越听越无法控制自己的情绪，因为金羊毛不仅和埃厄忒斯的王位息息相关，而且很可能还关系到他的性命。面对到访的全希腊最英勇的人们，埃厄忒斯想出计策：埃厄忒斯有两只神牛在阿瑞斯的田地里耕种，它们不仅拥有铜蹄，鼻中还可喷火。埃厄忒斯要求伊阿宋他们用这两头牛耕地，清晨播种可怕的龙牙，龙牙在黄昏之时会长成成批的武士，这些武士会从四面八方朝阿尔戈英雄涌来，并且会挥动长矛，而英雄需要做的则是将这些武士一个个杀死。如果伊阿宋他们能够当天完成这些事，就可以带走金羊毛。

面对这个要求，伊阿宋思量再三，最后坚定决心愿意受考验。随即，他们便离开宫殿，准备为了这次冒险好好回到船上商讨一下。而美狄娅的目光一直注视着伊阿宋，直到威严的城门关上。

——伊阿宋和美狄娅相恋在一起。

弗里克索斯之子中的阿尔戈斯跟随着伊阿宋一起回到了船上，伊阿宋向同伴们讲述了他对国王作的承诺。一时间，大家都沉默了。对于这场冒险，有的人备感兴奋，有的人则试图想出更稳妥的办法。没过多久，英雄们就这事争论起来。阿尔戈斯提供线索说，国王的小女儿懂得调制魔汤，如果可以争取到她的援助，战胜神牛就有希望了。他的话音刚落，一只老鹰追赶的鸽子向伊阿宋直冲下来，鸽子扑进伊阿宋的怀里，俯冲下来的老鹰却像在空中突然死掉一般掉落在船尾的甲板上。这是一种预兆，懂得预言的摩普索斯想起了菲纽斯的话：阿芙罗狄忒将会帮助他们返回家园。最后大家同意阿尔戈斯的说法准备请求美狄娅帮忙。

此时的美狄娅正在因为自己的一场噩梦烦躁不安，她梦见伊阿宋正在为了和自己的爱情而准备跟公牛搏斗，伊阿宋要把她带回家乡，让她成为一个最最幸福的妻子。但不知为什么，明明伊阿宋在和公牛搏斗，但真正站在战场上的却是自己。美狄娅用尽浑身解数，终于战胜了公牛。却不料她的父亲不守信用，在美狄娅战胜神牛以后拒绝履行诺言，理由是战胜神牛的是美狄娅，而不是伊阿宋。为此还发生了激烈的争执。最后她的父母流下了辛酸的眼泪。再后来美狄娅就从梦中惊醒了。

她想要去找她的姐姐诉说心中的感受，可是少女的矜持使她下了四次决心还犹豫不决，最后竟痛苦地哭了起来。闻声而来的卡尔契俄柏十分着急，问她究竟发生了什么事。听了姐姐的询问，美狄娅羞红了脸。她欲言又止，但是爱情的力量终究可以战胜一切阻碍。她巧妙地将问题的中心转移，把对伊阿宋的担忧转移到了对卡尔契俄柏的儿子阿尔戈斯身上。这个担心正好说出了卡尔契俄柏心中的忧虑，她也正在为此事忧心忡忡。最后，美狄娅答应姐姐会给与阿尔戈斯以及伊阿宋帮助，并约好明天一早在赫卡忒神殿和伊阿宋见面。喜出望外的卡尔契俄柏离开了妹妹的房间，她要赶紧给阿尔戈斯送去这个值得庆幸的消息。

整整一夜，美狄娅一直处于内心的矛盾当中，是应该帮助他们，还是干脆自己死掉，不要为了这世上的烦心事儿伤透脑筋。但是赫拉一直在暗中帮助着希腊的英雄们，她不断使美狄娅想到生命的美好，直到天边已经泛出微微晨意。

就在第一缕阳光来到大地上的时候，美狄娅一下子忘记了夜里的哀伤。精心打扮了自己后，她避开了宫殿里的每一个人，坐上女仆给她套好的马车，来到了赫卡忒神殿。她的小盒子里装有一种叫做普罗米修斯油的药膏，需要战胜神牛，就必须在祈求地狱女神之后，涂抹这种药膏，并且要彻底地涂遍身上的每一个毛孔，这样就能一整天刀枪不入，水火不侵，百战百胜。因为这种药膏原料的树根吮吸了锁在高加索山上的普罗米修斯被啄伤的肝脏滴入地里的血，美狄娅就是用了这种植物的宝贵汁液做成了她将要守护自己爱情的药膏。

神殿就在眼前，美狄娅下了车，谎骗侍女们说自己来到这里，是应姐姐和她的儿子阿尔戈斯的请求。她知道自己不能帮助外乡人夺走自己国家的金羊毛，不能擅自使用魔药。但迫于亲情只能假装答应，并相约到神殿里来，一方面劝说阿尔戈斯回到国家的一方来，另一方面想要得到希腊人的礼物，而非其他。至于得到的礼物，过后会分给大家。侍女们对美狄娅的说法毫不置疑，于是遵照吩咐走开了。

伊阿宋、阿尔戈斯还有预言家摩普索斯也按时赶到。赫拉使今天的伊阿宋更加精神焕发，神采奕奕。美狄娅猛地看到高大英俊的伊阿宋走了进来，只觉得心脏狂跳不已，双颊像是着了火。两个人面对面地注视着对方，时间悄悄的流逝着。最后伊阿宋看出了美狄娅的紧张，便打破了沉默，表达了自己希望得到公主援助的愿望，并表示她将受到全体希腊人的尊重，被当作神一样供奉。

美狄娅微笑着听他说完后，将带来的小盒子取出来递给伊阿宋。能尽自己的力帮助心爱的人，对于她来说，已经是再幸福不过的事了。伊阿宋连忙接过美狄娅递过来的小盒子，小心地收了起来。伊阿宋似乎也感受到了美狄娅的心意，四目相对，爱情的蜜意在慢慢地滋生。过了许久，美狄娅才想起来将药膏的使用方法教给伊阿宋，并告诉伊阿宋，当看到龙牙从地里钻出来的时候，要朝地里扔一块石头，就可以使武士们乱成一团，他们会为了石头而相互厮杀，这时要乘机冲进去，把他们杀死！

可是，一想到伊阿宋杀死了龙牙变的武士，夺走金羊毛之后就要离开，美狄娅不禁淌下眼泪。伊阿宋也同样感到自己已经深深地爱上了美狄娅，于是他急切地表达了想要带美狄娅离开这里，回到自己家乡的愿望。

美狄娅听到伊阿宋的话十分欣慰，但同时又隐隐地感觉到，要离开自己的国家，那该是多么不可思议的事，不过她还是渴望到希腊去。因为赫拉已经把这种渴望深埋她的心底。女神希望美狄娅离开科尔基斯，希望她能够帮助伊阿宋夺回本应属于伊阿宋的王位。要不是伊阿宋提醒，美狄娅几乎忘掉回家的时间。不过两个人还是没有忘记海誓山盟，并约好了再次会面。伊阿宋回到船上，兴奋地告诉同伴们，已经从美狄娅手中得到了魔药，并于当天夜晚，按照美狄娅教给他的方法，祭拜了女神。

第二天一早，伊阿宋穿上铠甲，头戴金盔，手拿牛皮盾牌。这盾牌除了他和赫拉克勒斯以外，再没有第三个人能承受它的重量。他还遵照美狄娅的吩咐，已经将长矛、宝剑和盾牌都涂抹了魔油。自己的身体也涂抹了一遍，就在涂遍全身的一瞬间，他感到四肢增添了无穷的力量。之后他登上马车，飞一般地驶过城池。国王埃厄忒斯虽然不参加战斗，但同样全身披挂，他要做一名观战者。

阿瑞斯之野，埃厄忒斯已经提前在那里了。船靠岸后，伊阿宋跳上岸来，他从国王手中接过盛着尖硬龙牙的头盔，这龙牙是底比斯国王卡德摩斯杀死的那条龙的牙齿。国王成竹在握，心想，顶多到黄昏这群希腊人的命就保不住了。

伊阿宋仔细观察后，手持盾牌，便上前去寻找神牛，关在地洞下面的神牛突然钻了出来，向他疯狂地冲来。它们孔里喷射着火焰，吼叫着直冲向伊阿宋，但伊阿宋镇定自若，站稳双腿，任神牛狠狠向他冲击，伊阿宋依然丝毫未动，是恋人的魔药在这个时候保护了他。他瞧准时机，抓住牛角，用强有力的臂膀，把牛拖到放轭具的地方附近，将神牛按在地上。紧接着，第二头同样凶悍的牛又朝伊阿宋冲了过来，然而被他用同样的方法制服了。

两头无法动弹的神牛不停地从鼻子里喷出烈火，但这丝毫灼伤不到伊阿宋。卡斯托尔和波吕杜克斯兄弟俩急忙把地上的轭具扔给伊阿宋，他迅速将两头牛套牢。伊阿宋又抓起装有龙牙的头盔，用长矛迫使神牛犁地。伊阿宋一边驱赶神牛，一边把龙牙撒到地里，播下龙牙的种子，同时又不时回头看龙牙的种子是否已经变成武士。一上午的时间，整块土地已经全部耕完了。伊阿宋解下牛轭将神牛放回到地洞里面。

见龙牙的种子还没有长出武士的迹象，伊阿宋就先回到了船上，准备休息一下，下午再和武士们大打一仗。同伴们欢呼雀跃，可是他却觉得口渴难耐，只想好好地饱饮一通，他大口地喝起了河水。神牛的烈火实在烤得他口干舌燥。喝饱了水，他立刻又觉得充满了力量，神勇倍增。

这时，阿瑞斯之野已经有武士冒了出来，到处闪着长枪和盾牌的刺眼寒光。伊阿宋按照美狄娅的嘱咐，举起一块小山一样的石头，远远地扔在武士中间，然后悄悄用盾牌掩护住了自己。科尔基斯人全都惊叫了起来，埃厄忒斯也呆呆地望着那块大石头。伊阿宋的力量超出了他们的想像。

阿瑞斯之野开始混乱起来，武士们互相厮打、残杀起来，就在他们筋疲力竭之时，伊阿宋拔出剑，将这批巨人全部杀死。国王心生疑虑，沉默地回到了自己的王宫中。

5. 盗取金羊毛

虽然伊阿宋拥有神力，但是如果没有美狄娅的帮助，不论如何都不可能完成国王埃厄忒斯的任务，埃厄忒斯对这一点很清楚。而本来就心惊胆战的美狄娅，此时更是感到有一种负罪感。赫拉便再次施法使美狄娅痛下决心，要和伊阿宋永世呆在一起。美狄娅流着眼泪，在自己的房间里默默向母亲、父亲和姐姐，还有她从小居住的王宫告别。

她打开了宫殿的大门，向着阿尔戈号跑去。此时的阿尔戈英雄们正在庆祝伊阿宋的胜利，美狄娅一边跑一边呼喊伊阿宋的名字。英雄们终于听到了美狄娅的呼喊，他们先是一惊，接着把船迅速地向海岸靠近。等不及靠岸，伊阿宋便跳到了水中，奔跑到岸上，深情地拥抱住了美狄娅。

美狄娅将事情的严重性告诉了大家，并说愿意帮助他们最后夺取金羊毛，只是要快点离开这里。但是有一点，伊阿宋必须答应自己，现在的她已经孤身一人了，她离开了她成长的家庭，背叛了她的亲人，出卖了她的国家。这都是为了伊阿宋，不论到什么时候伊阿宋都不能将她遗弃。

伊阿宋温柔地抱住美狄娅，答应美狄娅愿意把她带回家乡并娶她为妻，而且请让宙斯和赫拉见证他们的婚礼！他的誓言更坚定了美狄娅的决心，于是她命令水手现在就出发，在国王还未发现之前连夜夺取金羊毛。

天刚蒙蒙亮，伊阿宋和美狄娅就走进了圣林。他们看见金羊毛正挂在那棵高大的栎树上放着金光，旁边一条凶恶的巨龙正警惕地注视着四周的情况。见到有人过来，它发出可怕的尖叫声向他们冲过来。美狄娅毫无畏惧地迎上前去，用她柔美的声音祈求睡神许普拉斯使恶龙入睡。同时，请求地狱女神帮助她实现自己的计划。奇迹发生了，巨龙就在快要碰到美狄娅之时竟睡着了。

按照美狄娅的吩咐，她用魔油涂抹巨龙额头的时候，伊阿宋便迅速地把金羊毛从栎树上取下，然后两个人迅速逃离阿瑞斯圣林。一路上，伊阿宋一直在心中暗下决心，一定要好好对待这个为他付出一切的女子。

黎明终于来临，两人回到了船上。伊阿宋再次向全体船员保证，一定要照顾好美狄娅，并把她带回故乡娶她为妻。美狄娅是所有希腊人的恩人。幸福的美狄娅劝伊阿宋赶紧离开，伊阿宋挥剑砍断缆绳，大船便箭一般地朝着出海口驶去。

就在阿尔戈上的英雄们以为完成了任务就要回到美丽的家乡时，埃厄忒斯国王派来的勇士们却追了上来。为了夺回金羊毛，带回自己的女儿，埃厄忒斯命其子立下军令状，如若将希腊人放走，严惩不贷。当阿布绪耳托斯的人马追赶到海口时，阿尔戈船早已驶进大海，科尔基斯人立刻扬帆出海，直向阿尔戈号出逃的方向追去。

阿尔戈号归航的途中，顺风助行，并没出什么意外。当他们来到伊斯特罗斯河口时，不料驾着轻舟的达科尔基斯人早已经在那里严阵以待。面对埋伏，被逼无奈的阿尔戈号英雄们准备谈和。达科尔基斯人想先稳住他们，便假意答应对方可以带走金羊毛，但是要将美狄娅留下，等待国王的仲裁，判定她到底是应该回到自己的国土接受国人的制裁，还是随阿尔戈英雄们前往希腊，追寻心里的爱情。谁知伊阿宋竟然同意了达科尔基斯人的要求，决定把美狄娅留在岛上的阿尔忒弥斯神庙。伊阿宋忘记了他对美狄娅立下的誓言，忘记了美狄娅为他付出的一切。也许是美狄娅的恳求唤醒了伊阿宋的良心，他安慰美狄娅说这只是为了击败阿布叙尔托斯的一个缓兵之计。

感情的蒙蔽使美狄娅一错再错，于是她献上了一条残忍的计策，使伊阿宋他

取回金羊毛的伊阿宋。

们给阿布叙尔托斯设下了圈套，给他送去了一件雷姆诺斯女王送给伊阿宋的金袍，据说这金袍是美惠三女神所作。美狄娅告诉使者，让阿布叙尔托斯一人在深夜前往阿耳忒弥斯神庙，她将在那里等他一起商讨一个计谋，以夺回金羊毛，好补救她的罪过。

可怜的阿布叙尔托斯中了计，在单独赴约之时被伊阿宋用宝剑刺死。这一切都被黑暗中的复仇女神看在眼里。残忍的伊阿宋为了拖延逃跑的时间，还把阿布叙尔托斯的尸体分成碎块，散于水中，希腊人还要利用科尔基斯人收拢碎尸之际逃离危险。

如果达科尔基斯人知道了这件事情，一定会追赶上来，所以佩琉斯千方百计地劝大家赶紧离开这个地方，好避免达科尔基斯人的追赶。但是还是晚了，达科尔基斯人最终追赶上来。幸好赫拉及时出现，她用闪电的威力震慑住了达科尔基斯人，让他们不再敢上前一步。无奈之中，达科尔基斯人害怕空手而回被国王惩罚，最终只好在阿耳忒弥斯岛定居下来。

6. 艰难的归途

在一望无际的大海上，阿尔戈号经过了无数的历险，船上的英雄们都深信，他们不久就会回到自己的家乡，过上幸福的生活。但是归途却远远没有想像得那样顺利。有一天，突然狂风四起，将船吹到了一个叫做埃莱克特律斯岛，而这场大风出现的原因则是因为宙斯愤怒了，他要赫拉制造了这场灾难。英雄们没有想到解决的方法，于是用占卜的木板获得指示，让斯托耳和波吕杜克斯向神灵请愿，神明能够告诉大家一条通向希望彼岸的道路，通过这条道路，他们能够找到太阳神和珀耳塞的女儿，也就是懂得魔法的女神喀耳刻，喀耳刻能够将他们的罪孽洗刷干净，因为他们谋杀了阿布叙尔托斯，这个罪名足以让他们在浩瀚无际的大海中飘荡一生。

用来占卜的木板被镶在了船上，是昔日雅典娜女神所为，所以有强大信服力。因此，当英雄们听说木板这样预测他们的未来时都十分恐慌，只有卡斯托耳和吕杜克斯兄弟是真正的勇者，他们奋不顾身地站了出来，开始代表众英雄向伟大的神祷告。

后来，他们的船被刮到了一个港口，这个港口名字叫做埃利达努斯，是昔日的太阳神的儿子法厄同死去的地方，当时法厄同在一辆太阳车上，被一场大火夺去了性命。法厄同的姐姐们得知弟弟的死讯以后十分悲伤，于是化成了一棵棵高大的白杨树，在弟弟死去的河岸矗立着，随着微风的吹动而不时叹息。她们有时候还会哭泣，泪水好像晶莹剔透的宝石，一滴一滴洒落到了地上。坚固的阿尔戈船让英雄们避免了厄运，而这条埃利达努斯河，也因为埋葬了法厄同烧焦了的尸体，不断地发出一股难闻的气味。夜幕降临，又有悲伤的哭泣声传来，泪水落到了海里，发出的声音更让英雄们无法安心地进入梦乡。

夜晚好不容易度过，船继续向前航行，他们来到了罗达诺斯河的入海口，正准备向前挺进时，赫拉来到了大家的眼前，他严肃地警告大家："快离开这里。"赫拉说着，还用黑色的雾气将船团团围住，使他们处于黑夜之中不断前行，赫拉是真心诚意地帮助他们，想让他们回到家乡的愿望变成一种现实。

后来，英雄们又经过了凯尔特人的部落，随后就看见了他们梦寐以求的第勒尼安海岸，马上就要到达喀耳刻掌管的领土了。此时，喀耳刻则正在被恶梦所困扰，在她的恶梦里，她的魔药被大火所烧毁，而这些重要的魔药是用来迷惑旅途中的行人的，她的宫殿里也被奔涌的水流所淹没，于是她想用这些水流将熊熊大火扑灭。刚刚将火灭掉，喀耳刻醒来，发现自己浑身都是鲜血，为了洗涤这些鲜血，她来到了河边，刚好看见了阿尔戈英雄。

喀耳刻的怪兽跟在她的身后，就好像牧羊人后面跟随着的羊群。喀耳刻看到阿尔戈英雄后，让自己从恶梦中的恐惧中迅速摆脱出来，她抚摸着自己怪兽的身体，注视着船上惊恐望着她的人。英雄们看到她都感到有些恐惧，他们认出了她，她是埃厄忒斯的妹妹，而埃厄忒斯的残暴则是出了名的。

美狄娅和伊阿宋把所有的人都留在了船上，两人独自上了岸。喀耳刻问他们为什么会来到此地，伊阿宋没有回答，而是双手将宝剑握紧，正是这把宝剑将阿布叙尔托斯切成了碎片。伊阿宋将宝剑插到了地上，用双手托起了自己的下巴，缓缓地将眼睛闭上。美狄娅则用双手遮住了面孔，这样的表示让喀耳刻明白了他们的想法。他们经过了这么长时间的漂流和苦难，一是要请求宽恕自己的罪名，二是向她求救，希望能够得到帮助。

喀耳刻立刻杀了一只小狗，用这样的举动来证明自己对宙斯的崇拜，希望宙斯能够将这些人的罪过洗涤干净。喀耳刻的女佣伊阿得是水泉女神，她听从主人的命令，将所有的祭品都扔进了大海。喀耳刻则将供奉的圣饼焚烧，她一边焚烧一边向宙斯和复仇女神请求原谅，希望神明能够让两人免于惩罚。

做完这一切后，喀耳刻询问道："你们从什么地方过来，又为什么要将自己的罪孽洗净？"美狄娅将头抬起注视着喀耳刻，发现她有着和自己一样美丽的金色双眼，而喀耳刻也发现美狄娅原来和自己属于同一个祖先，都是太阳神的后代，因此才会有相似的地方。于是美狄娅讲述了属于自己的故事，她用的是达科尔斯基的方言，讲述的内容包括埃厄忒斯、阿尔戈英雄和她自己的命运，可是却唯独隐瞒了一件事情，也就是她将自己的弟弟阿布叙尔托斯杀害的事情。

一切都瞒不过喀耳刻的目光，她十分同情美狄娅，她告诉美狄娅，她并不想怪罪她，但的确也不能给她什么帮助，因为她所犯的罪实在过于严重。她的父亲为了给儿子讨回公道，一定会来到希腊将美狄娅杀死，于是喀耳刻让伊阿宋和美狄娅马上离开，美狄娅知道自己将要逃亡，伤心得失声痛哭，伊阿宋带着哭泣的美狄娅离开了喀耳刻。

对于需要自己保护的人，赫拉是十分眷顾的，她让彩虹女神伊里斯找到女海神忒提斯，要她保证阿尔戈号上的英雄们不受伤害。在海神的保护下，阿尔戈号在海上的行驶十分顺利。他们到达的下一个地方是女妖塞壬的领地。这个女妖形态诡异，一半是鸟，一半是女人，她在海岸上蹲着向远处眺望，发出优美而动听的声音，只要听到她的声音，不论是什么样的水手都会被引诱，然后忍不住向声音的源头靠近，离声音越近就越危险，直到被夺去生命葬身海底。阿尔戈的英雄们也是如此，他们听到了塞壬发出的声音后，想要找到源头，于是准备上岸。危急关头，奥尔普斯突然演奏自己的古琴，古琴的歌声比塞壬的歌声更胜一筹，让这些英雄们得以脱险。

可是忒勒翁的儿子波忒斯并没有这么幸运，他从雅典而来，他实在抵挡不住这样的诱惑，将船浆丢到了一边，向塞壬的方向游去。别人知道了此事后，都确信无疑他已经被夺去了生命，但他却意外地得救了，守护着西西里岛的厄里克斯高山上的女神阿芙罗狄忒帮助他摆脱了危险，将他从水中托起，放在了岛屿边的山脚下。

阿尔戈号继续在大海上前行，当船行驶到一处海峡时，新的危险随之到来。因为海峡两边的悬崖峭壁实在是太窄了，不论什么样的船经过这里，一定会被撞得粉碎。除了悬崖峭壁，还有急速旋转的水涡，以及无处不在的礁石。

由于这里的地貌险恶，火神赫菲斯托斯将此地当成了地下的冶炼场，冶炼中的黑色烟雾笼罩住了天空，阿尔戈号行驶到这里被黑烟所困住，海神涅柔斯的女儿率领众多海洋女神前来搭救他们，女海神忒提斯负责在船尾掌舵，其他女神们将大船团团围住，只要附近有暗礁出没，她们就会将船抬起来，一个传给另外一个。

火神赫菲斯托斯站在岩石上，扛着锤子一直在观赏这样难得的壮观场面。赫拉和群星在空中也在向下俯视，这样的场面也让她吃惊不已。最后，阿尔戈英雄还是突出重围，来到了国王阿尔喀诺俄斯居住的岛屿，岛上的人民都是淮阿喀亚人，他们以善良著称。

当英雄们到达了国王的领地后，国王十分高兴，热情地招待了他们，但是不久后，达科尔斯基人又追赶上来了，他们来到岛上后，态度强硬地要求希腊人将逃到这里的美狄娅交出来，否则就会爆发战争。

国王千方百计地劝阻英雄，要他们不要去迎战。美狄娅也向王后阿瑞忒求情，她抱住王后的膝盖，又恳求英雄们不要把她交给达科尔斯基人。英雄们听了美狄娅的恳求，决定保护这个可怜的女人，就连王后也向国王恳求，并告诉国王，

背叛亲人的美狄娅帮助伊阿宋取得了金羊毛，但自己并没有得到幸福。

伊阿宋希望能够将美狄娅娶为妻子。国王十分善良，也被他们的事情所打动，于是他表示，自己将把达科尔斯基人赶出自己的领地，就算得罪强大的国王埃厄忒斯也在所不惜。

这个消息被王后转达给伊阿宋，并表示希望他们能够即刻举行婚礼，王后的想法和英雄们的想法不谋而合。他们找到一处圣洁的山洞，在这里，美狄娅和伊阿宋举行了简单的婚礼。

第二天早上，岛屿周围的田野和海岸都撒满了金色的阳光，但一场战争就要开始了。岛屿的两端，一端站着科尔咯亚人，一端站着淮阿咯亚人，所有的人都准备开始战斗，就连国王自己也拿着金色的权杖来到大家面前，将自己的决定庄严地告诉大家。

伊阿宋来到了国王面前，他告诉国王自己已经将美狄娅娶为妻子，听到这个消息，国王马上宣布，他一定要誓死将阿尔戈号上的英雄们保护好，绝对不能将美狄娅归还达科尔斯基人。

达科尔斯基人因为无法将美狄娅带回，所以他们也不敢回国，于是国王就允许他们在这里定居下来。阿尔戈的英雄们在岛上住了一周，他们离开时带了很多礼物和食品，以保证他们能够更为顺利地回到家乡。

7. 最后一次冒险

英雄们又在海上漂泊了一段时间，距离自己的故乡伯罗奔尼撒也已经越来越近，海岸在地平面上隐约出现，大家高兴地开始欢呼。正在此时，一阵狂风吹了过来，整整持续了九天九夜，当风停下来的时候，英雄们发现船已搁浅在非洲的瑟堤斯海湾。

英雄们只好走下船来，眼前的景象是一片死寂，没有平坦的道路，没有热闹的村舍，就连小鸟和野兽都找不到。只有泥塘在漫无边际地延伸。大家都想离开这里，却想不出离开的办法，只能等待死神的降临。

幸亏有三位女神同情他们，这三位女神是守护利比亚的神明，她们用山羊皮围住自己，唤醒了正在睡觉的伊阿宋。女神们告诉了他一个神的指示，当海洋女神驾着波塞冬的马车时，他们都要表示对孕育自己的母亲的感激之情，只有这样，他们才有机会回到家乡。

伊阿宋听了女神们的忠告后，十分高兴地将这些忠告告诉了同伴。正在此时，又出现了一个神兆，海洋里跳出了一皮金色的海马，海马将身上的水抖落下来后，迅速地离开。看到这一切，充满智慧的佩琉斯告诉同伴，这匹海马就象征着海洋女神拉车，而孕育他们的母亲正是阿尔戈号。而感谢母亲的做法无疑是将船扛在身上，沿着海马走过的痕迹走出泥潭，这样才能离开这里。

英雄们于是将阿尔戈号扛在了身上，一步一步地行走，整整走了二十天，多亏了神在他们每一个人的身体里都注入了力量和勇气，他们才能坚持来到忒律托尼的海湾。到了忒律托尼的海湾，他们做的第一件事就是要找到解渴用的水源，而水源被夜神赫斯珀洛斯善歌的四个女儿看守，并且还有巨龙拉冬看守，他们都住在金苹果园里。

四个姐妹遇见了前来寻找水源的奥尔普斯。对于奥尔普斯的遭遇，四个姐妹很同情，其中的一个姐妹告诉了奥尔普斯一件很不平常的事情。她说在前一天晚上，金苹果园里来过一个很勇敢的强盗，身上穿着用狮子皮做的衣服，手里拿着用橄榄木做的大棒和弓箭，他用手里的武器将巨龙杀死，抢走了金苹果。因为他十分口渴，所以心中的怒气没办法宣泄，于是就用脚踢了岩石，岩石马上裂开，甜美的山泉涌了出来。

听了此事后，奥尔普斯将其他人聚到一起，讨论怎样找到泉水。经过一番商讨，英雄认为那个抢走金苹果的人不是别人，正是赫拉克勒斯。英雄们决定去找他，将金苹果拿回来。可是愿望落空了，他们根本就追不上赫拉克勒斯。

后来，又发生了一些意外的事情。这件事情让英雄们失去了两个伙伴，他们十分悲伤地驾船离开了忒律托尼海湾，又来到了辽阔的海洋中。可是逆风使船再次搁浅，奥尔普斯建议大家将船上最大的三足鼎抬到岸上，作为祭品，而海神忒律托尼为了表示自己的诚意，将自己打扮成少年的样子，把从地上拣起的土坷送给了英雄，还告诉英雄欧斐摩斯，一定要将土坷藏在胸前，如果在行驶的过程中，再遇见狭窄的海峡，那么他就可以送给阿尔戈号一阵顺风，这样才能让英雄们顺利地回到家乡。

随后，海神就和祭祀给他的三足鼎一起消失了。英雄们都很高兴，马上挂起风帆开始了新的航程。不久，他们来到了喀耳巴托斯岛，然后又到了克里特岛，但灾难又一次来临了，一块巨大的石头在船要靠岸的时候砸了过来。

英雄们要靠岸的克里特岛上生活着一个巨人，这个巨人在青铜器时代以前就存在，他的名字叫做塔洛斯，浑身上下都是青铜做的，刀枪不入。即使这样，他仍然是一个凡人，不具备神明的本事，所以他有一个弱点，他的脚踝上有一处筋脉和血管暴露在外，如果将这个地方击中，他就会被杀死。是宙斯命令他来守护克里特岛的，并且要他每天在岛上巡逻三次，在巡逻的过程中，他发现了阿尔戈船，于是就向船投掷了巨石。

英雄们看见了巨人都感到有些恐惧，船上剩下的食物和水已经不多了，可他们并不想在克里特岛登陆。美狄娅有了一个主意，她让英雄们把船停到了石头投掷的范围以外，还说自己有办法将巨人杀死。其后，美狄娅穿上了华丽的礼服，站在了甲板上呼唤命运女神和守护冥府的犬，还念起了咒语。巨人听到了咒语，马上睡着了。在梦里，巨人感到脚踝上的要害部位遭到了攻击，他被疼痛唤醒了，他虽然很想站立起来反击，却没有一丝力气。最后，这个巨人终于倒下死在了大海里。

巨人死后，船就靠岸了，大家在岛上采集到了很多的食物和水，并且还住了一个晚上，于次日清早继续航程。可是命运还是要将新的考验带给他们，英雄们又一次不得不面临死亡的危险，他们看不见了天空中的星星和月亮，甚至不知道自己到底在什么地方。

这时，伊阿宋向太阳神阿波罗发出了虔诚的祷告，希望阿波罗能够把希望带给他们。阿波罗听到了伊阿宋的祈祷，带着金色的弓箭，从奥林匹斯山飞了下来，当他射出箭后，英雄们看见了一座叫做阿娜弗的小岛。

船在岛边停泊以后，大家在岛上休息，睡着的欧斐摩斯在梦中看见自己胸前的土坷变成了一个美丽的女人。这个女人告诉他，自己是忒律托尼和利彼亚的女儿，她要欧斐摩斯将自己交给女海神忒提斯，如果能够做到，她就会好好保护他的子孙。

黎明到来，太阳又给了英雄们温暖和光明，阿尔戈号准备重新启程。在船上，欧斐摩斯将梦境讲给同伴听，伊阿宋马上知道了梦的含义，于是告诉欧斐摩斯将土坷放进大海。土坷掉进大海时，一座岛屿出现了，大家发现这个岛屿非常美丽，于是就叫这个岛屿为卡里斯特岛。欧斐摩斯也就在这里定居下来，他的后代一直统治着这个美丽的岛屿。

随后，英雄们到达了伊齐那岛和爱俄尔卡斯海湾，还举行了一次伟大庄重的祭祀，他们将珍贵的阿尔戈号献给了海神波塞冬。时间流逝之中，阿尔戈号开始残破，变成了碎片。奥林匹斯山上的神明将阿尔戈号化成天上的星星，为的是让人们记住英雄们的难忘旅程。

伊阿宋虽然历尽了这么多磨难，但爱俄尔卡斯的王位还是被珀利阿斯的儿子阿卡斯托斯所继承，所以伊阿宋也只能带着美狄娅逃亡到科任托斯，并且一呆就是十年。他们一共生有三个儿子，其中有一对是双胞胎，名字叫忒萨罗斯和阿耳奇墨纳斯，最小的儿子叫蒂桑特洛斯。十年以后，衰老的美狄娅不能再博得伊阿宋的欢心，于是伊阿宋移情别恋，爱上了当地国王克雷翁的女儿，甚至向她求婚。国王答应了伊阿宋的求婚，还定下了举行婚礼的时间，伊阿宋要和美狄娅离婚，还说出了冠冕堂皇的理由，说自己再婚是为了让孩子们能够更好的成长。

美狄娅为复仇杀死了她和伊阿宋的所有孩子。

美狄娅十分悲痛，他不同意伊阿宋与自己离婚，可是伊阿宋听不进去，美狄娅就诅咒丈夫。此时，国王克雷翁出现了，伊阿宋要他将美狄娅和自己的三个孩子都流放到外地，美狄娅只好答应了伊阿宋的要求，同意和他离婚，但是希望自己能够继续在科任托斯生活，不过她的请求没有被允许，于是她只好要求能把流放自己时间推迟，国王这次同意了。

美狄娅用最后的时间来劝说丈夫，希望伊阿宋能够回心转意，但是伊阿宋没有任何改变。美狄娅愤怒了，她决定要向伊阿宋报仇，于是她假装同意了丈夫的要求，还说自己已经原谅了丈夫，并要将珍藏很久的华美的金袍赠给公主做礼物，庆祝她的婚礼。可谁也没有想到，这袍子已经被施了咒语，公主刚刚穿上就死去了，而国王在触摸到了公主的尸体以后也沾染上剧毒而死。

当美狄娅知道公主和国王都已经死去后，她又做出了一个意外的决定，因为她不希望自己还没有长大的孩子落到仇人手中，同时也想让伊阿宋更加痛苦，她竟然将孩子们全部杀死。这个时候，伊阿宋来找美狄娅为自己的新娘和岳父报仇，却看见了孩子们死去的惨状。

美狄娅做完这一切后，自刎而死。

十、特洛伊战争

1. 特洛伊王子帕里斯挑起战争

当海洋女神忒提斯与佩琉斯的婚礼举行时，二人向所有的神明发出了邀请，然而唯独遗漏了纷争女神厄里斯。于是，生气的纷争女神决定实施报复，她将一个写了“属于最美丽的女神”的金苹果拿在手里，然后偷偷丢到宴会的桌上。宴会上的人都看到了金苹果上的字，天后赫拉、智慧女神雅典娜和爱与美之神阿芙罗狄忒三个人都注视着金苹果，三位女神都想得到这个金苹果，因为得到了它，就等于得到了最美丽女神的称号。

谁是最美丽的女神呢？在座的诸神都为了难，没有办法作出正确的判断，只好把这个难题交给了人间最有名的美人鉴赏家——特洛伊的王子帕里斯来裁断。帕里斯走到阿芙罗狄忒面前，将金苹果交到了她的手中。阿芙罗狄忒高兴地告诉他会让他迎娶人间最美丽的女子为妻。此时，恼羞成怒的赫拉和雅典娜发誓，要把毁灭特洛伊作为所受侮辱的报复。

几年后，帕里斯出使斯巴达，这次出访让他有机会爱上了美丽的王后海伦。在爱神的召唤下，帕里斯王子将王后劫走了，同时劫走的还有大批财富。帕里

希腊神话中著名的帕里斯评判，帕里斯在评判中将金苹果给予了阿芙罗狄忒。

斯的行为激怒了斯巴达国王墨涅拉俄斯，他把自己所受到的屈辱讲给哥哥迈肯尼的国王阿伽门农。经过一番商量，二人派出了和平使节帕拉墨得斯前往特洛伊，准备要求特洛伊国王普里阿摩斯归还墨涅拉俄斯国王的王后，包括那些被掠夺的财物。

然而，使节帕拉墨得斯充满挑衅性的语言激怒了普里阿摩斯，他没有答应归还王后。受到拒绝的兄弟二人愤怒了，他们联合起全希腊所有的国家，发出了共同讨伐特洛伊的誓言。一支空前强大的军队浩浩荡荡地向特洛伊进发。

不久，在西革翁和律忒翁半岛间的海岸，希腊人登陆了，众多的军队扎下了军营，远远望去就如同一座座城堡、一辆辆战车被拉上岸，一艘艘战船也不断停舶在海岸边。特洛伊的军队也早有准备，他们还没等希腊人做好应战准备，就潮

帕里斯在出使斯巴达时爱上了美丽的王后海伦。

水般地涌了上来。希腊军队一下子溃不成军。混乱之中，希腊军队的指挥官们很快镇定下来，开始沉着的指挥作战，他们很快将特洛伊人赶回了城里。希腊人为刚刚战死的士兵举行葬礼，特洛伊人又冲杀过来。

就这样，希腊人与特洛伊人不断发生战事，九年的时间不知不觉过去了。这期间，尽管希腊军队也打了无数胜仗，但却始终没有攻下特洛伊城，两军一直处于僵持状态。到了第十年，战事出现了转机。

2. 墨涅拉俄斯与帕里斯的决斗

希腊军队为了补充供给，开始进攻沿海的一些城市。一次出征，阿喀琉斯抢走了阿波罗祭司克律塞斯的女儿，把她送给了统帅阿伽门农。悲伤的父亲向统帅要求赎回自己的女儿，然而却听到了统帅侮辱的语言。太阳神阿波罗答应祭司克律塞斯的请求，决定把瘟疫降给希腊军队。为了消除神明的怒火，阿喀琉斯希望阿伽门农能归还姑娘。

阿伽门农在极不情愿的情况下归还了姑娘，但却提出了一个要求：用阿喀琉斯珍爱的姑娘勃里撒厄斯作交换。这一下，阿喀琉斯被激怒了，他退出战斗远离战争。他的母亲是海洋女神忒提斯，她向天神宙斯发出请求：降福给特洛伊人，一直到希腊人后悔，是他们有眼无珠气走了人间最伟大的英雄阿喀琉斯。天神宙斯同意了忒提斯的请求。忒提斯高兴地飞回到船中将这一喜讯告诉了儿子。阿喀琉斯听到这个消息后，愤怒的情绪才得以平息，他坐在船中，一心期盼着希腊人的溃败。

阿伽门农率军向特洛伊进攻，面对来势汹汹的敌军，帕里斯提出愿意和海伦的前任丈夫墨涅拉俄斯单独对阵的建议，条件是胜者拥有海伦。墨涅拉俄斯很愿意接受这一建议，双方士兵都感到很高兴，因为他们更希望尽快结束这场漫长的战争，回到自己的家乡。为了抽签决定哪一方先朝对方掷长枪，二人各自拣了块石子，放在了一个头盔里面，赫克托耳开始摇动头盔，一个石子掉出来了，上面

帕里斯与海伦的爱情。

清楚地写着帕里斯名字。于是由帕里斯先出手，他奋力地将自己的长枪投了出去，墨涅拉俄斯用盾牌一挡，飞来的长枪一抖，枪尖一下子撞弯了。眨眼之间，墨涅拉俄斯的长枪飞了出去，他的力气十分大，飞出的长枪穿透了帕里斯的盾牌和盔甲，然而却只是划破了他穿的紧身衣，并没有刺中他。

墨涅拉俄斯将自己的宝剑拔了出来，向帕里斯的头盔砍去，但是宙斯看见了，他并不希望帕里斯在此时丢掉性命，于是就让墨涅拉俄斯的宝剑变成两段。墨涅拉俄斯十分生气，他将帕里斯的头盔紧紧抓住想把他带回营地，而女神阿芙罗狄忒却将头盔的带子割断了，天上出现了浓浓的大雾，帕里斯终于安全地回到了城中。

3. 希腊人的溃败

得胜的阿伽门农向特洛伊人高声喊道：你们要遵守诺言！然而天神宙斯却向雅典娜发出命令：即刻去特洛伊战场，让特洛伊人毁弃约定。雅典娜找到了高傲的潘达洛斯，潘达洛斯是吕卡翁的儿子，她让他向墨涅拉俄斯射出一箭，但不可命中。箭飞来时，只划伤了墨涅拉俄斯的腰部。于是阿伽门农更加愤怒了，他为特洛伊人的不义大为恼火，连战车都没坐，就英勇地率领士兵们徒步作战，而特洛伊军队也在战神阿瑞斯的鼓动下奋勇出击。

又一场血战开始了，狄俄墨得斯是希腊将领中的一位伟大英雄，特别是在雅典娜为他身体注入勇气和力量后，英雄更变得如狮子一样勇猛。对方许多名将都死在了他的手下，女神阿芙罗狄忒想保护自己的儿子埃涅阿斯，手腕竟被英雄刺破，战神阿瑞斯也中箭倒地。与此同时，奥德修斯也英勇作战，杀死了特洛伊很多名将，特洛伊人即将大败。

神谕指引埃阿斯，要他和希腊所有英雄中最伟大的一个进行挑战，于是他在九个英雄中选择了和赫克托耳决斗，两个人经过一番激烈的决战，难以区分胜负。特洛伊人派伊特俄斯和希腊人的使者塔耳堤皮奥斯来到战场上，阻止了正在交战的两位英雄。

埃阿斯将自己的金腰带送给了赫克托耳，赫克托耳则将自己的宝剑送给了埃阿斯，双方决定暂时维持一段和平，但随即又爆发了战事，宙斯让双方的命运得以改变，他让希腊军队在进攻特洛伊的过程中遭遇大败。阿伽门农认识到了自己的错误，他不应该让阿喀琉斯离开，于是他给了阿喀琉斯很多很珍贵的礼物，也同意将美丽的勃里撒厄斯归还，希望能够得到他的原谅，可阿喀琉斯一次又一次地拒绝了他。

一天早晨，阿伽门农将自己的十块青铜片、十二块金片和二十块锡片做成了盔甲，穿在了身上，率领士兵冲进了敌人的阵地。尽管此次战事中，阿伽门农受伤了，但希腊军队却一直处在优势。不过战事很快又有了变化，赫克托耳接受了神谕，比以往更加神勇地向前冲杀，如同旋风一样，九个希腊王子死在他的手下，就连勇士奥德修斯也差点儿丧命。

希腊人在战船周围挖了很深的沟，并筑墙保护战船，然而却无法挡住敌人的进攻，眼看特洛伊人已经杀到了这里。在波吕达玛斯的建议下，阿伽门农调动了所有的战车，让士兵们全都把车停在沟边保护战船。随后，他让将领们率军分成五个纵队，一律步行，开始反攻。一场攻防战就这样再次僵持了很久，最后还是宙斯出手帮助了特洛伊人，特洛伊军队潮水般涌向希腊战船。

希腊人的溃败让海神很失望，她不能眼看着自己喜爱的希腊人失败，于是海神变成预言家卡尔卡斯的模样，再次给将领们出谋划策，然后又将勇气和力量放入士兵身体内。于是，充满斗志的希腊人再次发起进攻，在这次战斗中，赫克托耳深受重伤。

在万神之父宙斯的命令下，海神波塞冬不得不离开了战场。在此期间，赫克托耳的伤也被特洛伊的守护神阿波罗治愈了，而且还在他的身体内放置了无尽力量和勇气。伤好后的赫克托耳觉得自己力大无穷，一上战场就将阿尔刻西拉俄等希腊名将和俾俄喜阿人的国王斯提希俄斯全部杀死，他率领大军再一次将希腊军队杀得溃不成军。

至此，希腊军队不得不从战船边溃退下来，继续抵抗着特洛伊人的猛烈攻击。坐在船中的阿特罗克洛斯听到了希腊人溃败的惨叫，他无法控制地流下了悲伤的眼泪。他想到了好友阿喀琉斯，急忙去请求阿喀琉斯再次领兵出战，可得到的只是一口回绝。阿喀琉斯虽然拒绝了好朋友的请求，却将自己的盔甲让阿特罗克斯穿上，让他保护好自己。

4. 特洛伊的陷落

阿特罗克洛斯穿上阿喀琉斯的盔甲后就率军出战了，阿喀琉斯本想也把自己的长枪让好友带上，但这只长枪是马人喀戎当年送给佩琉斯的，现在除了阿喀琉斯没有凡人可以挥动。阿喀琉斯目送朋友走向战场后，忙向宙斯祈祷：让阿特罗克洛斯平安回来，希望希腊人能够夺得胜利，然而宙斯只接受了他的第二个请求。

阿特罗克洛斯率领大军杀向特洛伊人，因为他穿着阿喀琉斯的盔甲，使得特洛伊人以为阿喀琉斯重新回到了战场上，特洛伊人顿时吓得惊惶失措，希腊人的斗志立刻被鼓舞起来。阿特罗克洛斯率军攻到了特洛伊城下，但他却没有攻破城池，因为阿波罗就站在城上抵抗着他，一连三次进攻，一连三次都被挡住。阿特罗克洛斯发起第四次进攻时，阿波罗一下子打掉了他的头盔，他的长矛被折断，胸甲也被打开了，一旁的赫克托耳乘机刺死了他，而且还剥去了阿喀琉斯的盔甲。

希腊人只能把阿特罗克洛斯的尸体夺了回来。赫克托耳得意地把阿喀琉斯的盔甲穿在了自己身上，宙斯见此很不高兴。特洛伊人开始反攻了，希腊人则坚持着战斗，眼看阿特罗克洛斯的尸体就快要被特洛伊人抢去了。

而此时，坐在船中的阿喀琉斯已经知道了好友的死讯。他悲痛地抓扯着自己的头发，一把把地将泥土洒在头上。在雅典娜劝说下，振作精神的阿喀琉斯走到了围城外，他把自己的大盾挂在肩头，头上闪出神圣的光芒。阿喀琉斯听从了神谕，没有亲自参加战斗，只是对着敌阵连吼三声。震耳欲聋的吼声让特洛伊人一下子乱了阵脚，混乱中，十二位特洛伊将领居然被踏而死。希腊人乘乱将阿特罗克洛斯的尸体运送到了安全的地方。阿喀琉斯忍不住伏在尸体上大声痛哭起来。

阿喀琉斯和阿伽门农终于达成了和解，海洋女神忒提斯带回了火神赫菲斯托斯重为阿喀琉斯锻造的盔甲：那是比火焰还要光亮的铠甲，金色羽饰的头盔，柔软的锡制成的胫甲，还有一个用金、银、铜、锡为原料制造的五层厚的大盾牌，盾面上有各种精细华美的图案。

新盔甲让阿喀琉斯十分欢喜，他连饭都不想吃了，心中只期盼着快些天亮，好去战场为亡友复仇。好心的雅典娜担心他会因饥饿而无力，又悄悄地将神的饮食放入他的体内。

清晨，阿喀琉斯便迫不及待地率军出征了。他所向披靡，一路杀去，无数特洛伊人倒下了。而此时，宙斯却在奥林匹斯山上宣布：天神可以帮助自己喜欢的一方进行战斗。于是诸神又加入了进来，战局顿时变得复杂了。后来的战斗成了神和神之间的战斗：雅典娜打败了战神阿瑞斯；阿波罗射中了海神波塞冬；赫拉将月神阿耳忒弥斯赶出战场；赫菲斯托斯与河神斯卡曼德洛斯厮杀在了一起。

在交战中，阿喀琉斯一直想找到赫克托耳到底在什么地方，但始终没有找到。阿喀琉斯十分生气，开始追杀逃亡的特洛伊人，因为尸体将斯卡曼德洛斯河塞住了。河神愤怒了，让洪水上涨，巨大的浪花几乎要将阿喀琉斯卷走。天后赫拉请求自己的儿子火神赫菲斯托斯去放火，他几乎把所有的河水都烧干了，斯卡曼德洛斯只好无奈地退出了战争。

特洛伊城上站着已经衰老的国王普里阿摩斯，他不忍心看到自己手下的人遭到如此溃败，于是命令所有的军队撤了回来。赫克托耳害怕阿喀琉斯，也想回到城中，可是雅典娜却变成了他最小的弟弟，鼓励他继续作战，赫克托耳终于放弃了回到城中的想法。阿喀琉斯和赫克托耳撕杀起来，二人一时难分胜负，由于赫克托耳身上穿着的是从阿特罗克洛斯身上剥下的阿喀琉斯的盔甲，结实的盔甲让阿喀琉斯不知该如何下手，他猛然想起盔甲在肩与脖子相连接的部位有些许空隙，于是找准机会将长枪刺了进去，赫克托耳顿时倒地而亡。

赫克托耳死后，阿喀琉斯怒气仍旧未消，他用皮带绑在尸体的脚踝上，捆上了战车，然后策马奔跑。站在特洛伊城上的人们看到自己的英雄落得如此惨状，都悲痛得不忍再看。阿喀琉斯给好友阿特罗克洛斯举行了隆重的葬礼，而普里阿摩斯国王在神明的帮助下，向对方赎回了儿子的尸体，他也在特洛伊城中举行了隆重的葬礼。

此战后不久，阿喀琉斯宣布要率领军队攻下特洛伊城。站在城上的帕里斯在阿波罗神的帮助下，射出了一箭，命中了伟大的英雄阿喀琉斯；而希腊人也遵从

著名的特洛伊木马。

神谕，请菲罗克忒斯帮忙，用他从赫拉克勒斯处得到的神箭射死了帕里斯，但战局依旧僵持不下。面对这种僵局，聪明的奥德修斯终于想出了一个绝妙之计：希腊人造了一个巨大的木马，在马腹中藏好士兵，然后希腊人把军营彻底烧毁，假装作撤退，而把木马遗留在战场上。特洛伊人果然上当了，他们把木马当成战利品拖进了城。这时，躲在木马里的士兵便冲杀出来打开了城门，和埋伏好的军队里应外合一起攻下了特洛伊。至此，持续了十年之久的特洛伊战争，希腊人最终获得胜利，他们带着美丽的海伦王后和战利品踏上了归家的路途。

十一、奥德修斯归乡

1. 卡吕普索囚禁奥德修斯

一场长达十年的特洛伊战争终于宣告了结束，伊塔刻国王奥德修斯和还活着的希腊英雄们终于踏上了归家之途，离家多年的将士们已经是归心似箭。然而谁又能主宰自己的命运呢？在奥德修斯归家的途中，女神卡吕普索将他囚禁在一处叫做俄奇吉亚岛的山洞中，这是命运女神在捉弄他。

奥德修斯的不幸遭遇让奥林匹斯山上的神明都很同情，他们在商议后一致决定：卡吕普索必须放奥德修斯回家，因为奥德修斯也一直苦苦思念着妻子潘奈洛佩和儿子。不过只有海神波塞冬不以为然。

多年没有奥德修斯的确切消息，他的王宫已经陷入一片混乱之中。由于谣传奥德修斯已经死去，他美丽的妻子潘奈洛佩不得不面对被她的美丽和巨大的财富吸引的众多求婚者，这些人大肆享用王宫中的美酒和牛肉，这种情况已经持续三年之久了。

只有奥德修斯的儿子忒勒玛科斯不相信父亲已经离开了他们，他相信父亲没有死。在这种信念下，他遵从神谕开始寻访曾和父亲并肩作战的英雄们，以打探

奥德修斯一直是念着妻子和儿子，只有海神波塞冬不以为然。图中居中者即是海神波塞冬。

父亲的下落。经过不息的努力，他终于在斯巴达国王墨涅拉俄斯处得知父亲被女神卡吕普索强行扣留的消息。

儿子的举动让求婚者中的欧律玛科斯和安提诺俄斯很不安，当他们得知忒勒玛科斯离家后十分恼怒，二人决定在伊塔刻和萨墨岛之间的海峡附近伏击他。

女神卡吕普索从神的使节赫耳墨斯处接到了宙斯的命令，她让奥德修斯自己造了条小船，尽快离开俄奇吉亚岛。奥德修斯上船后，一直在海上航行了十八天，才来到了舍利亚岛，但没想到海神波塞冬用巨浪击碎了小船。另一位海洋女神洛宇科忒阿见奥德修斯落水，于是帮助他游到岸上，筋疲力尽的奥德修斯在岸边的草地上昏睡了过去。

在海边游玩的阿尔喀诺俄斯国的公主瑙西卡发现了昏睡的奥德修斯，她唤醒他，又拿了衣服和食物送给他。恢复过来的奥德修斯来到王宫拜见了国王阿尔喀诺俄斯。阿尔喀诺俄斯热情地接见了他，为此还举办了一场盛大的接待宴会，同时邀请他参加竞技。

在宴会上，一位盲人歌手特摩多科斯弹起竖琴并歌唱起希腊英雄的命运，奥德修斯在歌声中听到了自己的名字，禁不住泪流满面。这一切被国王阿尔喀诺俄斯看在眼里，他细心地上前询问原因，奥德修斯讲述了自己离开特洛伊的经历。

2. 奥德修斯的历险

离开战场后，奥德修斯踏上了归家之途。船一直向西航行，当来到库克罗普斯人的领地时，奥德修斯叫上十几个强壮的伙伴上岸补充供给，但不幸的是，他们全部都被一个独眼巨人俘获。

巨人的食物是羊，他们和羊都被关在山洞中，而那个用巨石做的大门就算二十二个人都搬不动。巨人一天要吃一个俘虏，然后将石门挪开，让羊到山上吃草，再把石头挪回去。为了将自己和朋友的生命挽回，奥德修斯想出了一个办法，他和伙伴们将一根很长的杆子削尖在火上烧烤，到了夜里，他们拿出带来的美酒给巨人，巨人从来都没有享受过这样的好酒，所以就和奥德修斯交谈，他告诉了奥德修斯自己的名字，又来问奥德修斯的名字，奥德修斯告诉他自己叫做“没有人”。后来巨人喝醉了，他们便用木杆的尖端插入了巨人的一只眼睛，巨人很痛苦，于是叫人来帮助他。当有人问他到底是谁扎瞎他眼睛的时候，巨人却说是“没有人”。

于是巨人的伙伴认为他是在发疯，所以没有人救他，巨人只好摸索到了洞口，将巨大的石头挪开，奥德修斯和他的同伴躲在羊的肚子下才逃出了山洞。当巨人发现仇人已经跑了时，就向海神祈祷，希望能够有人为自己复仇，海神答应了他的请求。于是奥德修斯回家的旅程就变得异常艰险。

不久，奥德修斯所驾的船航行到埃洛斯居住的海岛，好客的国王不仅热情招待他们足足住了一个月，并在他们启程时送了一件宝物：风袋。以让他们能够借助风力尽快回到自己的家园。那袋子是用一只九岁老牛的皮做的，里面装着各种各样的风。

有了这个宝物，他们在海上航行得很顺利，九天九夜过去了，家乡伊塔刻岛遥遥在望了。但这时，船上一个贪心的人以为那袋子中装满了珠宝，趁奥德修斯睡觉时偷偷地打开了。这一下惹了大祸。风袋一被打开，所有的风便呼啸而出，顷刻间船迷失了方向，他们又开始在大海上漂泊，七天过去了，仍然不见陆地的影子。

就在他们绝望之际，风把他们刮到了莱斯特律戈涅斯人居住的地方。上岸后，他们在城墙附近碰见了国王的小女儿，她给他们指点了王宫的所在。但命运又一次作弄了他们，这些莱斯特律戈涅斯人也是吃人的巨人。经过奋力抗争，少数幸存者跟着奥德修斯逃了出来。

又一次漂泊开始了，当他们来到女神喀耳刻的领地时有些喜出望外，因为女神非常热情地招待了他们。在美丽的宫殿里，有美味的食物和美酒，这些饥饿的人们哪里想到，食物里竟然掺进了魔药，吃了它的人都变成了野猪。

正当奥德修斯不知该如何是好时，神使赫耳墨斯带来了解药，又帮助他们逃出了魔掌。离开女神喀耳刻的领地后，船又漂泊到了女妖塞壬居住的海岛上。这一次，奥德修斯吸取了教训，为了不被那甜蜜而危险的歌声诱惑，他让大家用蜂蜡塞住了耳朵，大家照办了。然而他自己却好奇地想听一下女妖的歌声，可又怕丢了性命，就让船上的人把自己绑在桅杆上，并嘱咐：自己想要放开，那就要绑得更紧。事情的发展果然没有超出奥德修斯的预料，歌声传进他的耳朵后，一股无法抑制的冲动驱使奥德修斯向塞壬靠近，他大声呼唤伙伴们："放开我！放开我！"但大家都记住了他的吩咐，反而把他捆绑的更紧。塞壬的歌声渐渐消失了，大家才把蜂蜡从耳中掏出，并放下奥德修斯。

有惊无险地闯过卡律布狄斯大漩涡和海妖斯策拉之间的危险的隘口之后，他们又漂泊到了特里纳喀亚岛，这里是太阳神的牧群繁衍生息的地方。然而突然间刮起了的飓风，他们不得不在岛上躲避，一个月过去了，粮食都吃完了。饥肠辘辘使奥德修斯的同伴铤而走险，他们把太阳神的几头牛杀了，以解饥饿。太阳神很快知道了这事，他非常生气，不客气地向宙斯汇报了这件渎神事件。于是灾难降临了，愤怒的宙斯放出闪电，将船一下子击碎了，所有的人都沉入了海底。奥德修斯是幸运的，唯独他没有死，他和风浪搏斗着，一个人在茫茫的大海里漂了九天九夜，直到第十天才漂到了女神卡吕普索的海岛，然而却被她囚禁了。

3. 奥德修斯返回家乡

奥德修斯的讲述让众人格外震惊，为让他尽快返回家乡，第二天国王就送他上路了，船上还带着国王赠予的礼物。他心情愉快地扬帆启程了。终于有一天，家乡伊塔刻岛遥遥在望了。可靠岸时，疲惫的奥德修斯却睡着了，那些随行的淮阿喀亚人善良地将奥德修斯连同那些贵重的礼品小心的放在了一个山洞里，然后悄悄地离去了。

海神波塞冬并没有忘记奥德修斯，他非常憎恨淮阿喀亚人，他们竟然将奥德修斯平安送回家乡，于是他施行了报复，那些淮阿喀亚人连同船只被他变成了石头，竖立在海中。

奥德修斯在睡梦中被雅典娜唤醒了，女神对他讲述了他王宫中发生的事，包括那些所谓求婚人的所作所为，同时告诉他妻子是多么贤惠忠贞。奥德修斯强压着心中的愤怒，和雅典娜坐在橄榄树下商量对策。最后，在女神的帮助下，奥德修斯用她的神杖将自己变成了一个留着胡子的老乞丐，这样，别说那些求婚人，就是自己的妻子和儿子也认不出他来。二人分道而行，雅典娜要赶到斯巴达，召回奥德修斯的儿子忒勒玛科斯。

奥德修斯按照女神指定的地点，穿过茂密的山林后碰到了一个自己以前忠实的放猪仆人，名字叫欧迈俄斯。仆人尽自己最大的努力招待了面前的年老乞丐，他并没有认出眼前的老乞丐就是自己的主人。他向这位老乞丐讲述了主人离家后的状况。奥德修斯非常感动，幸有这样一位忠心的仆人，在他不在的情况下，仍然能够尽心地为他看守家财。

忒勒玛科斯现在已经回到了伊塔刻，他照女神的吩咐一个人找到了奥德修斯。父子两人相见了。此时，雅典娜已经把奥德修斯变回了原来的样子，儿子紧紧地抱住了父亲。而与此同时，那些无耻的求婚男人却让奥德修斯的妻子潘奈洛佩尽快做一个选择，在他们中间找一个人做丈夫。悲伤的潘奈洛佩伏在床上放声大哭。

4. 奥德修斯的报复

忒勒玛科斯和再次变回乞丐的父亲一起回到了王宫中。此时，那些求婚的男人们正在王宫中大吃大喝。在女神雅典娜的安排下，奥德修斯开始行动了，他卑微地向在座的人们乞讨，目的是想看看他们每一个人的态度。他谦卑地伸着双手，开始有人将面包送给他，接着还有人问起他的身世。这时，有一个叫安提诺俄斯的男人态度特别专横，他一边说着刻薄的话，一边抓起一个木凳打了过去。奥德修斯的左臂被重重地打着了，不过他并没有感到疼痛，他如同一块岩石一般站在那里。

王宫中的吵闹声被潘奈洛佩听到了，她知道了事情的经过，要佣人悄悄地将乞丐带了进来，她觉得乞丐曾经四处流浪过很久，肯定有机会得知奥德修斯的消息，但是老乞丐却一定要在晚上才和她谈话。

那些求婚的男人们让奥德修斯和另一个乞丐决斗，宣布胜了的一方可以继续留下，奥德修斯自然是很容易地就胜了。这些求婚的男人们吃足喝饱又看了一场热闹后，就陆续地离开了。奥德修斯和儿子走到潘奈洛佩面前，夫妻二人悲喜交加地相认了。在听完他的经历以后，他们已经商量好了惩治那些求婚男人们的方法。

第二天，当那些求婚的男人再次来到王宫中时，潘奈洛佩宣布道：谁能用奥

奥德修斯去除了王后的求婚者。

德修斯的弓，一箭穿过十二把斧子的小孔，她就嫁给谁。此时，一个叫勒伊俄得斯的男人应声而出。此人是在座惟一对这些求婚人的所作所为不满的人，不过他还是失败了，用了好大的劲儿却连弓都没有拉开。接下来，那些不甘心的男人们都上前来比试，竟然没有一个人成功。

最后，只有安提诺俄斯和欧律玛科斯两人没有比试了。欧律玛科斯先是让人升起一堆火，把弓放在火上烘烤，以便它软一些好能拉动，但却失败了。看到这种情况，安提诺俄斯建议先去喝酒，等想出对策再说。正在他们想走时，奥德修斯大步走了进来，他拿起自己曾经用过的弓，仔细地看了看，见没有什么破损的痕迹后，不声不响地将这张大弓拉开了。在场的人都睁大了吃惊的眼睛，就见他手一松，一箭飞了出去，正好穿过并排的十二把斧子的小孔。就在大家惊魂未定时，早有准备的忒勒玛科斯穿着一身铠甲，佩剑执矛，站到了父亲的面前。

奥德修斯表明了自己真实的身份，他怒吼道："我要对你们的行为进行惩罚！"话音刚落，儿子忒勒玛科斯取来早就准备好的四套盔甲，让两个忠诚的牧人和父亲奥德修斯都武装起来。于是全副武装的四个人并肩作战，女神雅典娜也变成门托尔参加了战斗。

激烈的交战过后，那些无耻的求婚者没有一个人能够逃脱，英雄的身边到处是横七竖八的尸体，如同渔网里倒出来的鱼一样。奥德修斯在确认他们全部被消灭后，才觉得心中的怒气平息了一些。第二天，他对那些忠诚的仆人进行了奖励。

当那些求婚男人的家人，听说了他们被杀的消息后，全都来到奥德修斯的王宫中，趴在死者的尸体上大声痛哭，嘴里怒喊着报仇。女神雅典娜在奥林匹斯圣山上看见了这一切，知道他们准备造反，就向宙斯请示：面对伊塔刻人的争端，是战争解决，还是和平解决。宙斯明确地指示要和平解决。女神于是来到了王宫中，制止了那些准备造反的人。除此之外，雅典娜还要奥德修斯和那些准备造反的人签订了和约，奥德修斯被大家带回了王宫，美丽的王后潘奈洛佩百感交集地出来迎接她的丈夫。此后，他们又幸福地生活了很多年，直到命运女神割断了奥德修斯的生命线。